本书系南京大学亚洲研究重点项目『美国文理学院藏中国文献目录提要（项目编号：2023300038）』

以及中央高校基本科研业务费专项资金项目

『海外中国文献收藏历史与专题研究（项目编号：0108143701114）』阶段性成果

本书为『十四五』时期江苏省重点出版规划（古籍出版规划）项目

海外中国文献专题目录丛刊

谢欢　主编

美国文理学院藏中国特藏目录提要

［美］陈晰　编著

凤凰出版社

图书在版编目（ＣＩＰ）数据

美国文理学院藏中国特藏目录提要 ／（美）陈晰编著
． -- 南京 : 凤凰出版社，2024.6
（海外中国文献专题目录丛刊 ／ 谢欢主编）
ISBN 978-7-5506-4106-8

Ⅰ．①美… Ⅱ．①陈… Ⅲ．①古籍－图书目录－中国
②古籍－内容提要－中国 Ⅳ．①Z838

中国国家版本馆CIP数据核字(2024)第086451号

书　　　名	**美国文理学院藏中国特藏目录提要**
编 著 者	（美)陈　晰
责 任 编 辑	张永堃
装 帧 设 计	陈贵子
责 任 监 制	程明娇
出 版 发 行	凤凰出版社(原江苏古籍出版社)
	发行部电话025-83223462
出版社地址	江苏省南京市中央路165号,邮编:210009
照　　　排	南京新洲印刷有限公司
印　　　刷	金坛古籍印刷厂有限公司
	江苏省金坛市晨风路186号,邮编:213200
开　　　本	787毫米×1092毫米　1/16
印　　　张	8.75
字　　　数	142千字
版　　　次	2024年6月第1版
印　　　次	2024年6月第1次印刷
标 准 书 号	ISBN 978-7-5506-4106-8
定　　　价	168.00元

(本书凡印装错误可向承印厂调换,电话:0519-82338389)

"海外中国文献专题目录丛刊" 总序

  1925 年，王国维在一次演讲中指出："古来新学问起，大都由于新发见。"[1]在王国维演讲后的十三年，1938 年 8 月 30 日，胡适在瑞士苏黎世举行的第八届国际历史科学大会上宣读的英文论文 *Newly discovered materials for Chinese history*（《新发现的有关中国历史的材料》）中也开宗明义指出："近三十年来，中国史研究经历了重大的变革，这部分归之于新的批判方法和观点之引入，部分归之于新的重要材料的发现……新材料的发现正不断地拓展对历史的认知，并据此构建起新的事实。"[2] 其实早在 1923 年，胡适在北京大学《国学季刊》发刊宣言中，就把"发现古书""发现古物"两者与"整理古书"列为明末以来旧学取得的三大成绩[3]。回顾 20 世纪以来的中国现代学术史，从殷墟甲骨、敦煌文献到清华简、徽州文书、太行山文书等，每一次新材料的发现，都极大地推动了学术的发展以及对于历史的认知。改革开放以降，海外收藏的与中国有关的材料逐渐进入中国学界视域并发展成学术研究的热点，域外汉籍研究即代表性一例。而随着近年来海外中国研究的发展以及中外交流的愈发频繁、密切，海外中国文献研究热度愈

[1] 王国维：《最近二三十年中中国新发见之学问》，《学衡》1925 年第 45 期。

[2] 参见胡适著，季羡林主编：《胡适全集》（第 36 卷：英文著述二），合肥：安徽教育出版社，2003 年，第 631 页。

[3] 胡适：《〈国学季刊〉发刊宣言》，《国学季刊》1923 年第 1 期。

发增强(这从近年来立项的国家社科基金重大项目也能看出[1])。随着越来越多海外中国文献的披露，许多传统的历史、文学、思想观念也在悄然发生着变化。那么，海外中国文献研究较之域外汉籍研究有何不同，它们主要研究什么问题、遵循何种理路、适用何种方法等，都是值得学界探讨的。

一、从"域外汉籍"到"海外中国文献"

域外汉籍是指"在中国之外的用汉字撰写的各类典籍，其内容大多植根于中国的传统学术"，具体涵盖：(1)历史上域外文人用汉字书写的典籍，这些人包括朝鲜半岛、越南、日本、琉球、马来半岛等地的文人以及 17 世纪以来欧美的传教士。(2)中国典籍的域外刊本或抄本，以及许多域外人士对中国古籍的选本、注本和评本。(3)流失在域外的中国古籍(包括残卷)[2]。中国现代意义的域外汉籍

---

[1] 仅以近三年国家社科基金重大项目选题为例，就有 2019 年度的"哥伦比亚大学图书馆藏顾维钧档案整理与研究""哈佛大学馆藏近代黑龙江资源史料挖掘整理研究(1906—1945)"等。2020 年度的"东亚同文书院经济调查资料的整理与研究""海外藏回鹘文献整理与研究""中韩日出土简牍公文书资料分类整理与研究""17—20 世纪国外学者研究中国宋元数理科学的历史考察和文献整理""英国藏汇丰银行涉华档案整理与研究(1865—1949)""抗战时期英国驻华大使馆档案文献整理与研究""1912 年至1937 年间日本驻华使领商务报告整理与研究""近代以来至二战结束期间日本涉华宣传史料的整理与研究""日藏巴黎统筹委员会档案文献的整理与研究""日韩所藏中国古逸文献整理与研究""日本天理图书馆藏汉籍调查编目、珍本复制与整理研究""海内外所藏汉族古代小说蒙古文译本整理与研究"等。2021 年度的"俄罗斯西伯利亚远东地区藏 1950 年前中国共产党档案文献的整理与研究""共产国际联共(布)涉疆中共党员档案搜集整理编纂研究""海外藏中国糖业资料搜集、整理与研究""汉代海上丝绸之路沿线国家考古遗存研究及相关历史文献整理""韩国汉文史部文献编年与专题研究""外国历史教科书中的中国形象史料整理与研究""东南亚藏中国南海史料文献整理与研究""美国对朝鲜半岛政策档案文献整理与研究(1945—2001)""域外藏多语种民国佛教文献群的发掘、整理与研究""中国现代文学批评域外思想资源整理与研究(1907—1949)""日本馆藏中国共产党新闻宣传史料整理与研究(1921—1945)"等。
[2] 张伯伟：《域外汉籍研究入门》，上海：复旦大学出版社，2012 年，第 1-2 页。

研究发轫于 20 世纪 80 年代中期的台湾[1]，20 世纪 90 年代开始，大陆学者奋起直追。2000 年，南京大学域外汉籍研究所（Institute for the Study of Asian Classics in Chinese，Nanjing University）的成立，标志着域外汉籍研究掀起了一个新的高潮，而大陆学者也逐渐取代台湾学者，成为中国域外汉籍研究的主力，相关研究成果不断涌现，域外汉籍研究正成长为一门崭新的学科[2]。从域外汉籍的定义及中国三十余年的域外汉籍研究史可知，域外汉籍的关注焦点在于"东亚"，特别是以汉字为核心的东亚文化圈，其内容侧重于"古典（classics）"的研究（这从南京大学域外汉籍研究所的英文名也能有所反映）。随着中国对外开放程度不断加大以及全球化进程的加快，在"域外汉籍"基础上发展而成的"海外中国文献"正逐渐成长为新的学术领域。

（一）海外中国文献的内涵及范围

所谓海外中国文献，是指在中国以外的与中国有关的各类文献，具体而言，在以下方面与"域外汉籍"有所区别：

1. 语种。除了汉文文献，还包含英语、日语、法语、德语、俄语等语种书写的与中国有关的文献。

2. 文献类型。相较于域外汉籍侧重于图书（或古籍），海外中国文献所涵盖的文献类型更为广泛。如按照出版形式划分，除了图书，还包括档案、期刊、报纸、舆图、学位论文等各类文献；按照文献加工程度划分，除了图书、期刊、报纸等一次文献，还有很多关于中国的书目、索引等二次文献；按照文献存储介质划分，可分为纸质文献、视听文献（如哥伦比亚大学收藏的近代中国人物口述档案），而随着信息化、数字化浪潮的加剧，在不久的将来，各种电子文献必将成

---

[1] 通常以台湾联合报国学文献馆（文化基金会）1986 年起与日本、韩国、美国等有关机构发起的"中国域外汉籍国际学术会议"为标志，该会议从 1986 年开始每年举办一次，到 1995 年共召开了 10 次。相关可参见陈捷：《中国域外汉籍国际学术会议述略》，载《中国典籍与文化》1992 年第 1 期，第 125-127 页。

[2] 王勇：《从"汉籍"到"域外汉籍"》，《浙江大学学报（人文社会科学版）》2011 年第 6 期。

为海外中国文献的重要组成部分。

3. 年限。现有的域外汉籍界定通常都是以 20 世纪为限，对于 20 世纪以后的文献基本不予关注，而海外中国文献的年限范围则较长，时间跨度可以从马可·波罗—利玛窦时代即西方开始相对有系统地关注中国以来，一直到当下，这一时期产生的文献都属于海外中国文献的研究范围。

4. 学科覆盖。海外中国文献的学科范围较之域外汉籍更为宽广，在传统人文科学的基础上，延伸至各类社会科学甚至自然科学。

（二）海外中国文献的特点

从上述对于海外中国文献的定义及范围的界定可知，海外中国文献具有四个特点：

其一，以中国为核心。海外中国文献范围广、类型多、时间跨度长，但是其核心特征必须是与中国有关。何为"中国"？这是近年来学界的一个热点话题。从主权归属来看，"中国"是包括 34 个省级行政区的独立主权国家；从文化来看，通常而言，凡是有中国人的地方，就有"中国"。而海外中国文献中的"中国"，更多的是从文化角度来定义的，凡是内容涉及中国的历史、地理交通、风土人情、生活方式、宗教信仰、文学艺术、制度法律、语言文字等，都属于海外中国文献范畴。

其二，跨文化性。文献是文化的重要载体与表现形式，而海外中国文献，尤其是那些西人撰写的或者中国人用外文书写的文献，不仅是中国文化的延伸，更是中国文化与西方文化融合的结晶，具有跨文化的属性。即使是那些纯粹的中文古籍，身处海外图书馆、档案馆，被用西方的方式进行收藏、分类、编目，其身上早也具备了所在区域的文化特征。

其三，多样性。从上述对于海外中国文献的语种、类型、年限的界定可知，海外中国文献具有多样性的特点，这一点自 20 世纪中后期以来尤为明显。美国乔治·华盛顿大学（George Washington University）中国问题专家沈大伟（David Shambaugh）2010 年在接受采访时曾指出，到 2010 年左右，美国大学和智库大概有 3000 人在研究中国问题[1]，这些人研究范围涉及中国的方方面面，其产生的文献在类型、涵盖范围等方面非常多样化，而这仅仅是美国在 2010 年左右的数据。随着全球化、信息化的发展，海外中国文献多样性的特征将会愈发明显。

其四，零散性。伴随着多样性的另一个重要特征就是零散性，从上文对于海外中国文献文种、类型等的界定来看，海外中国文献范围是非常广泛的，尤其是档案、舆图等，分布较为零散。除了明确以中国为主题的文献，还有相当一部分内容是分散在各种文献类型中的，如图书章节、期刊文章、报纸文章等。以第二次世界大战期间的美国报纸为例，在二战期间刊发了大量和中国有关的报道，这些新闻报道对于研究中国抗战以及二战时期的中美关系有非常重要的参考价值，但是这些新闻报道由于分布零散，给系统整理、研究带来了不小的困难。

（三）"域外汉籍"与"海外中国文献"的关系

从上文对于域外汉籍和海外中国文献的定义来看，域外汉籍无疑是海外中国文献的一部分，而域外汉籍研究同样也属于海外中国文献研究的重要组成部分，但是两者还是有所不同。域外汉籍研究，其研究对象主要为汉文典籍，更确切地说是东亚汉籍，属于传统汉学（Sinology）研究范畴，其重点在于探讨中国文化对于东亚文化圈的影响，其本质反映的是学术研究从"中国之中国"走向"亚洲之中国"。而随着全球化进程的加快以及中外各种交流的愈发频繁、紧密，传统汉学研究逐渐被更为广泛的"中国研究（Chinese Studies）"所取代，海外中国文献研究在域外汉籍研究的基础上更加注重档案、期刊、报纸、舆图等资料，关注的重心也从"古典的""单向式"的研究发展为"古今结合""中外双向互动式"的研究。从某种程度而言，海外中国文献研究兴起的背后，折射出的是全球化时

---

[1] 梁怡、王爱云：《西方学者视野中的国外中国问题研究——访美国乔治·华盛顿大学教授沈大伟》，《中共党史研究》2010 年第 4 期。

代的学术研究，即所谓"世界之中国"[1]。

二、现有海外中国文献研究范式

就目前海外中国文献研究情况来看，主要有三种研究范式：第一，文学视角下的海外汉籍研究；第二，史学视角下的海外中国专题档案研究；第三，图书馆学视角下的海外中国文献目录编制研究。

（一）文学视角下的海外汉籍研究

海外汉籍研究自 20 世纪 80 年代至今，经历了从"海外汉籍的收集、整理与介绍"到"海外汉籍所蕴含问题的分析、阐释"再到"针对海外汉籍特色寻求独特研究方法"的阶段（这三个阶段并不是取代关系而是有所交叉）[2]，形成了比较成熟的海外汉籍研究范式，研究成果比较多[3]。

文学视角下的海外汉籍研究，其研究范围主要是以日本、韩国、朝鲜、越南等东亚文化圈国家所藏汉文典籍特别是传统经典为研究对象，探索各类典籍的内容、版本形态及流传，其关切点在于汉籍所承载的文化在东亚诸国之间的互动与交流。文学视角下的海外汉籍研究以南京大学域外汉籍研究所为代表，该所主编

---

[1] 1901 年，梁启超在《清议报》第 90 期、第 91 期发表《中国史叙论》（署名"任公"），其中在第 91 期刊发的该文第八节"时代之区分"中，梁启超提出了中国历史时代的三段划分，即"第一上世史。自黄帝以迄秦之一统，是为中国之中国……第二中世史。自秦一统后至清代乾隆之末年，是为亚洲之中国……第三近世史。自乾隆末年以至于今日，是为世界之中国"。梁启超在《中国史叙论》中提出的"中国之中国""亚洲之中国""世界之中国"与本文所指含义有所区别，本文中只是借用梁启超提出的概念，表达中国学术研究之走向。

[2] 张伯伟：《新材料·新问题·新方法——域外汉籍研究三阶段》，《史学理论研究》2016 年第 2 期。

[3] 相关成果介绍可参见：金程宇：《近十年中国域外汉籍研究述评》，《南京大学学报（哲学·人文科学·社会科学）》2010 年第 3 期。徐林平、孙晓：《近三十年来域外汉籍整理概况述略》，中国社会科学院历史研究所文化研究室编：《形象史学研究（2011）》，北京：人民出版社，2012 年，第 222–241 页。

的"域外汉籍研究丛书"、"域外汉籍资料丛书"、学术期刊《域外汉籍研究集刊》以及主办的"域外汉籍国际学术研讨会"，在海内外都产生了非常重要的影响。其他如上海师范大学域外汉文古文献研究中心、复旦大学文史研究院等机构，也都是中国海外汉籍研究领域的重要学术力量。

（二）史学视角下的海外中国专题档案研究

史料是史学研究的基础与保障，因此，对于史学界而言，更多关注海外所藏文书档案的利用与研究。随着近代新史学的建立，中国学者逐渐开始重视对海外中国档案资料的利用，如早期王重民、向达等人对于欧洲所藏敦煌文书的研究与整理，王绳祖对于英国所藏中英关系外交档案的研究与利用等，不过总体而言，民国时期历史学者对于海外所藏中国文献资料的利用还处于"萌芽状态"。1949年中华人民共和国成立以后，由于诸多原因，中国内地与海外收藏的中国文献基本处于"隔绝状态"，而这一时期，港台等地历史研究人员，则逐渐意识到海外所藏中国文献资料的重要性，竞相赴欧美档案馆、图书馆查阅、利用相关档案文献。

1978 年，随着改革开放以及欧美与中国有关的机构或人员（如民国时期在华工作的教师、外交人员、新闻记者等）将其收藏的与中国有关的档案资料捐赠给图书馆、档案馆，越来越多的历史学者开始赴欧美查访相关档案，如章开沅在20 世纪八九十年代赴美国，对于贝德士档案、近代来华传教士档案的利用与介绍。但是中国历史学界真正系统地对海外所藏中国档案进行整理、研究则是21 世纪以后，如南京大学中华民国史研究中心对于海外有关南京大屠杀、钓鱼岛问题档案的整理与出版，华东师范大学沈志华教授对于苏联档案的研究与整理，华中师范大学马敏教授对于欧美所藏来华传教士档案的研究与利用，复旦大学吴景平教授对于美国所藏民国财金档案的搜集与整理，浙江大学陈红民教授对于海外国民党档案的整理与研究，以及 2012 年中国历史研究院启动的"海外近代中国珍稀文献搜集、整理与研究工程"等[1]，都极大地推动了中国历史学特别是近现

---

[1]　陈谦平：《民国史研究多国史料的运用与国际化视角》，《民国档案》2020 年第 3 期。

代史的研究。

就目前情况来看，当下中国史学界对于海外中国文献的研究正如火如荼地展开，其大致呈现出如下几个特点：第一，关注的文献年代以近代特别是民国时期为主；第二，除少数项目涉及跨机构档案资料，大部分都是以某图书馆所藏某一类专题档案为主；第三，除沈志华等极少数人，大部分都依托于大型国家项目资助；第四，整理与出版并重，多卷本的档案史料汇编不断涌现（如《美国哈佛大学哈佛燕京图书馆藏蒋廷黻资料》[陈红民、傅敏主编，广西师范大学出版社 2014年版，24 册]、《李顿调查团档案文献集[第一辑]》[张生主编，南京大学出版社2020 年版，14 册]），出版呈现欣荣之势。

（三）图书馆学视角下的海外中国文献目录编制研究

中国图书馆学学者是较早关注海外中国文献价值的群体，早在 20 世纪 20 年代，时在美国学习图书馆学的李小缘、袁同礼在国会图书馆中文部实习期间，就开始编纂有关书目，而李小缘先生更是把"西人论华书目"作为毕生的课题，编制了数万张卡片（不过由于一些特殊原因，这些卡片后来散佚了），1958 年袁同礼在法国汉学家亨利·考狄（Henri Cordier）所编《汉学书目》（*Bibliotheca Sinica*）基础上出版的《西文汉学书目》（*China in Western Literature：A Continuation of Cordier's Bibliotheca Sinica*）早已成为欧美汉学研究的必备参考书。图书馆学视角下的海外中国文献研究主体是西方图书馆特别是美国国会图书馆及各大东亚图书馆中的中国研究员群体，如吴光清、钱存训、吴文津、郑炯文、沈津、李国庆、徐鸿、张海惠、王成志等，他们先后赴美学习图书馆学，毕业后留在各东亚图书馆工作，或出于职业需要，或出于中国认同，对于海外所藏有关中国的文献进行整理编目，并用中文或英文出版专门的目录。中文方面，近年来有《北美中国学——研究概述与文献资源》（张海惠主编，中华书局 2010 年版）、《美国哈佛大学哈佛燕京图书馆藏中文善本书志》（沈津，广西师范大学出版社 2011 年版）、《美国柏克莱加州大学东亚图书馆藏宋元珍本图录》（柏克莱加州大学东亚图书馆编，中华书局 2014 年版）等，英文方面近年来最主要的应该是 2016 年哥伦比亚大学出版社（Columbia University Press）出版的王成志（Chengzhi Wang）与陈肃（Su

Chen）两人合作编纂的《北美民国研究档案资源指要》（*Archival Resources of Republican China in North America*）。

就目前图书馆学界对于海外中国文献的研究情况来看，哈佛、普林斯顿、加州大学洛杉矶分校等几所著名大学的东亚图书馆是绝对主力，其中又以哈佛大学燕京图书馆为最。哈佛燕京图书馆一方面得益于丰富的馆藏文献资源，另一方面由于经费比较充裕，除了本馆职员，每年还会邀请一部分中国图书馆馆员赴美协助从事馆藏文献的整理与编目。目录是揭示文献的重要工具，特别是很多用英文编纂的与中国有关的文献目录，国内尚缺乏全面、系统的了解，这也是未来学界需要注意的一个内容。

（四）现有海外中国文献研究评述

上述三种范式并不是绝对独立的，也存在交叉，例如文学、史学领域的一些学者在研究海外中国文献时也会编纂书目，如北京大学严绍璗教授编辑的《日藏汉籍善本书录》（中华书局 2007 年版）、中山大学黄仕忠教授编辑的《日藏中国戏曲文献综录》（广西师范大学出版社 2010 年版）等。从上述简要回顾来看，目前海外中国文献研究正呈现国际化、跨学科态势，虽然取得了很大的成就，但还是存在一些问题，包括最基本的海外中国文献存量、分布情况，即使以最早开始研究的海外中文古籍为例，目前也没有完全厘清。至于其他图书、期刊、档案、舆图等文献，那就更不甚明了。而从研究深度而言，目前总体还停留在比较浅的层次，即重点在于对海外中国文献的介绍及内容研究，至于对这些文献背后所承载的文化、流转过程、产生背景等方面的研究，还有待进一步深入。

三、海外中国文献研究路径

文献作为时代、文化的重要表现形式，其价值早已为学界所公认。文献研究也是各类学术研究的基点，如果离开了海外中国文献的研究，那么基于此的海外中国学的研究必将是"无根之木、无源之水"（严绍璗语）[1]。上文回顾了海外中国文献的内涵、类型及研究现状，而从愈发欣荣的海外中国文献研究情况来看，其未来肯定是朝着跨学科、国际化协作的路径发展。具体而言，笔者认为可以遵循以下的路径：

（一）从目录切入，摸清海外中国文献存量

海外中国文献的存量、分布情况、现状等问题的厘清是开展海外中国文献研究的基础，因此，在未来开展海外中国文献研究的过程中，我们必须将基础夯实，通过国际化、跨学科、跨机构的合作，尽快揭示海外中国文献的分布全貌，而各种目录就是很好的揭示工具。虽然，目前已经出版了很多目录，但是还有很多值得推进的地方，笔者认为，未来海外中国文献的目录编纂应该从如下三个方面开展：

一、从善本图书目录到各类专题文献目录。目前已经出版的海外中国文献目录中，绝大部分是中文古籍或善本图书目录，2015 年中华书局牵头启动的"海外中文古籍总目"项目，主要也是针对海外中文古籍。然而，除了中文古籍，海外还有相当数量的其他类型文献，特别是大量的档案文献，这些都亟待整理编目，在编纂这些非善本类文献目录时，笔者认为，最好是以专题形式进行，如"海外所藏蒋廷黻档案目录""海外所藏宋子文档案目录""海外所藏中国教会大学档案目录"等。在这些已有的文献目录基础上，还可以进一步开发，编纂深层次的专题文献目录，例如"《纽约时报》所载中国专题报道目录""二战时期美国报刊刊载中国报道目录"等，这种深层次的专题目录其实带有很强的研究性质，对于目录编纂人员要求也较高。这些专题目录，特别是那些真正做到既有"目"又有"录"的专题目录，不仅能够精准揭示文献内容，对于学者的研究更是大有裨益。

二、从馆藏目录到联合目录。目前已经出版的海外中国文献目录，多是基于某一机构（主要是图书馆）的某种文献，如《美国哈佛大学哈佛燕京图书馆中文善本书志》《美国耶鲁大学图书馆中文古籍目录》《英国曼彻斯特大学约翰·赖兰兹图

---

[1]　严绍璗：《我对 Sinology 的理解和思考》，《国际汉学》2006 年第 4 期。

书馆中文古籍目录》等，而未来，联合目录是必然趋势。关于联合目录，早在 20
世纪 90 年代，中美就开始合作，普林斯顿大学图书馆曾联合哥伦比亚大学图书
馆、北京图书馆（现中国国家图书馆）、中国科学院图书馆等启动中文善本书国际
联合目录项目，后来还开发了"中华古籍善本国际联合书目系统"，但该系统主
要针对中文善本，且在收录范围、用户体验方面存在诸多不足，因此并未大范
围普及。未来海外中国文献联合目录的编纂，应该在中文善本目录的基础上朝
着更加多样化的方向演进，如可以编纂《美国东亚图书馆馆藏中国近代报刊联
合目录》《北美地区近代来华传教士档案联合目录》等，不过联合目录的编纂必
须基于现有馆藏目录，包括美国东亚图书馆在内，海外不少机构或囿于经费，
或囿于人力，尚未对馆藏中国文献进行充分的整理，而从近年来越来越多的中
国学人利用重大课题或赴国外访学的机会，与国外机构联合整理编纂相关目录
实践来看，国际化的协作应该是解决海外中国文献目录编纂问题的重要途径。

三、从纸质目录到数字化、智能化目录。信息技术的快速发展，不仅改变了
人们的日常生活，也改变了学术研究的范式。越来越多的信息技术被引入学术研
究过程，就海外中国文献目录编纂发展来看，数字化也是大势所趋。目前很多国
外机构如哈佛大学、普林斯顿大学、耶鲁大学等都将本馆所藏的一些中文古籍、
中国相关档案免费开放供人们利用。与此同时，欧美很多机构也利用网络平台，
在线合作开展相关中国文献的整理、编目，如笔者曾参与美国卡尔顿学院所藏有
关中国照片的整理项目，该项目就是中美学者共同在一个平台上，对有关文献进
行编目。虽然，目前尚缺少一个揭示海外中国文献的专门平台，但是可以预见，
在不久的将来这类平台肯定会出现。这些平台，不仅具备传统纸质目录的最基本
的检索功能，而且能够实现目录数据的关联，让目录变得更加智能化，从而更加
便利学者的研究。

以上所谈及的海外中国文献目录编纂的专题化、联合化、数字化/智能化路
径，并不是谁取代谁、谁先谁后，三者很有可能是交叉融合、齐头并进。

（二）辨析"我者"与"他者"

掌握海外中国文献的数量、分布情况是海外中国文献研究的基础，而在从事

海外中国文献研究时，首先需要区分"我者"与"他者"。在大部分海外中国文献中，尤其是西人撰写的与中国有关的文献中，"中国"都是作为"他者"存在的。这种"他者"或是西人为了彰显本国文化优势而予以批判的一个对象，或是西人对本国文化不满而寻求的"乌托邦式的想象"。不管是出于何种目的，可以明确的是，由于文化、语言等因素的制约，很多西人对于中国的认识是非常片面的，"对于中国文化中的有些现象或意义会无端放大"[1]，对于中国文化中的一些重要价值观念也会故意视而不见。如汪荣祖先生就发现包括著名史家史景迁（Jonathan D. Spence）在内的很多西方汉学家，因为语言关系，在英文著作中存在"离谱的误读""严重的曲解""荒唐的扭曲""不自觉的概念偏差""颠倒黑白的传记""居心叵测的翻案"六大问题[2]。而中国学者在研究海外中国文献时，很多情况下都会情不自禁地将这些文献中的"中国"内化成一种"我者"的存在，如果不注意的话，很容易就会产生一些偏差。此外，一些中国学者在面对海外中国文献时，或会不自觉地"矮化"自己，觉得西人的研究就高人一等；或持有传统"殖民主义""侵略主义"观点，认为海外中国文献代表了西方对中国的"殖民"或"侵略"。以上都不是对待海外中国文献应有的态度。因此，中国学者在开展海外中国文献研究时，首先要明确区分"我者"与"他者"，要尽量保持一种相对"超我"的状态，以一种客观的视角去与这些文献"平等对话"[3]。

（三）探寻"脉络性转换"路径

中国学者在面对海外中国文献时，在辨析"我者"与"他者"后，有时还需要探寻"脉络性转换"的路径。黄俊杰曾指出文化交流中存在着一种"去脉络化（de-contextualization）"与"再脉络化（re-contextualization）"的现象，具体而言是指"原生于甲地（例如中国）的诸多概念或文本，在传播到乙地（例如朝鲜或日本）之际常被'去脉络化'，并被赋予新义而'再脉络化'于乙地的文化或思想

[1] 王汎森：《天才为何成群地来》，北京：社会科学文献出版社，2019年，第250页。

[2] 详细可参见汪荣祖：《海外中国史研究值得警惕的六大问题》，《国际汉学》2020年第2期。

[3] 张西平：《游心书屋札记：问学寻思录》，北京：中华书局，2019年，第3页。

风土之中。经过'脉络性的转换'之后，传入异域的人物、思想、信仰与文本，就会取得崭新的含义，也会具有新的价值"[1]。这种现象在海外中国文献中也非常普遍，尤其是那些产生于中国后流转至海外的中文文献，在研究这类文献时，我们不仅要研究其内容、现状，更要重视流转"过程"的研究。例如，美国弗吉尼亚大学图书馆收藏的马鉴藏书，就经历了北京—成都—香港—美国的流转历程[2]，而这一流转过程的背后其实是中国近代历史进程的一个缩影。又如中国文学的小说、戏曲、民歌等在西方分类体系中地位经历了由低到高的过程，而中国原有的一些文体概念（如诗、词、曲等）在与西方文体对应过程中，外延被缩小或扩大，同时被植入西方内涵，转换生新，演变为现代文体概念[3]，这其实就是"脉络性转换"现象。

厘清"脉络性转换"路径就要求我们重视对海外中国文献生产"过程"的研究，如利用概念史、观念史等方法对有关文本进行分析，探寻相关文献生产主体对于中国认识的演变历程；又如通过对海外华人图书馆员群体的研究，了解海外中国文献的流转情况以及华人图书馆员在海外中国研究中的媒介作用等；这些都是探寻"脉络性转换"的好方法。

（四）以海外中国文献为基点，更好地理解中国

在区分"我者"与"他者"，完成"脉络性转换"探寻之后，就进入到海外中国文献研究的核心阶段，即如何通过这些海外文献来理解中国。程章灿曾指出中国古代的每一种文献形态都是了不起的文化创造，对于中国文化有着不可磨灭的文化功绩，并提出以文献为基点理解中国文化[4]。这一观点同样适用于海外中国文献，可以说存在的每一种海外中国文献，都是"中国"的表现形式之一。

［1］ 黄俊杰：《东亚文化交流中的"去脉络化"与"再脉络化现象"及其研究方法论问题》，《东亚观念史集刊》2012 年第 2 期，台北：政大出版社，第 59 页。

［2］ 李刚，谢欢：《美国维吉尼亚大学图书馆马鉴藏书研究》，《图书馆论坛》2016 年第 7 期。

［3］ 宋莉华：《西方早期汉籍目录的中国文学分类考察》，《中国社会科学》2018 年第 10 期。

［4］ 程章灿：《以文献为基点理解中国文化》，《中国社会科学报》2012 年 3 月 21 日 B04 版。

全球化时代的到来，不管是"一带一路"合作倡议，还是"人类命运共同体"的构建，当下的中国已经置身于全球化体系中，不可能"闭关锁国""一人独语"，我们必须在开放的系统中，打破以往的"东""西"二元对立，将中国真正置于全球中来认识、理解，将海外中国文献作为一种"他山之石"，作为一只"异域之眼"。

"一个国家之所以伟大，条件之一就是既能够吸引别人的注意力，又能够持续保有这种吸引力。当西方刚刚接触中国时，中国就明显表现出这种能力；几世纪来，流行风潮的无常，政治情势的改变，也许曾使中国的光彩暂且蒙尘，但是中国的吸引力却从未完全消失过。"[1] 大量的海外中国文献，代表了西方国家对于中国的兴趣。我们应该以这些文献为起点，分析其背后的文化土壤，并与同时期的中国相对比，找到其中的异同，更加客观、全面地认识中国、理解中国，找到中国文化对于世界文化的贡献，在世界体系中构建新的中国叙述模式。

四、南京大学海外中国文献研究传统

从上文的论述已经隐约可以看到南京大学在海外中国文献研究领域是得风气之先的，这或许也是得益于南京大学优良的学术传统。目前的南京大学是由两条学脉汇聚而成，一条是金陵大学，另一条则是南京高等师范学校—国立东南大学—中央大学，而这两脉对于海外中国文献的关注都是比较早的。金陵大学以李小缘先生为代表，1921 年李小缘赴美留学，他在国会图书馆及哥伦比亚大学兼职工作时，就已开始关注海外中国文献，并编纂相应的书目，1925 年回国后也从未停止对海外中国文献的追踪。后来李小缘担任金陵大学中国文化研究所主任，西方的东方学文献一直都是中国文化研究所的重点收藏，而李小缘终其一生都致力于"西人论华书目"的编纂。另一学脉国立东南大学早在 1923 年拟定的《国立东南大学国学院整理国学计画书》中对于"国学"的范围就有如下界定："故今日国

---

[1] 史景迁：《大汗之国：西方眼中的中国》，阮叔梅译，桂林：广西师范大学出版社，2013 年，第 7 页。

学之范围，当注目于用中国语言文字记录之书。不独中国旧有书籍遗落他邦者亟当收回，凡他邦人如近则日本、朝鲜、越南，远则欧美诸国，有用中国语言文字记录之书，亦当在整理之列。"[1] 虽然这一定义着眼点在于中文文献，但是其蕴含的世界学术眼光跃然纸上。两脉汇聚之后，这一学统并未断裂，2000 年成立的南京大学域外汉籍研究所更是引领了中国域外汉籍研究的潮流。如今在南京大学，除了域外汉籍研究所，历史学、图书馆学等专业也有一批学者投入海外中国文献研究。2020 年 6 月，南京大学组建了"海外中国文献收藏历史与专题研究"文科青年跨学科团队，并获得南京大学专项经费资助，学科团队成员来自图书馆学、历史学、中文等学科专业，并与北京大学、中山大学、美国加州大学圣地亚哥分校有关学者展开了跨区域合作。

陈寅恪在《陈垣敦煌劫余录序》中曾写道："一时代之学术，必有其新材料与新问题。取用此材料，以研求问题，则为此时代学术之新潮流。治学之士，得预于此潮流者，谓之预流（借用佛教初果之名）。其未得预者，谓之未入流。此古今学术史之通义，非彼闭门造车之徒，所能同喻者也。"[2] 从近年来的研究实践来看，作为跨学科、跨文化、跨语言的海外中国文献研究必将成为中国学术研究新潮流，但由于其零散、多样、跨文化等特性，海外中国文献研究需要更多的学者投身于其中。为此，基于上述的海外中国文献研究路径，我们决定从目录入手，推出"海外中国文献专题目录丛刊"，编辑出版相关专题文献目录，为推动后续的海外中国文献研究奠定基础。

谢　欢

2022 年 2 月 26 日

[1] 南京大学校史研究室：《南京大学校史资料选编. 第二卷，南京高师与东南大学时期》，南京：南京大学出版社，2019 年，第 299 页。

[2] 陈寅恪：《金明馆丛稿二编》（第二版），北京：生活·读书·新知三联书店，2009 年，第 266 页。

目　　录

前　　言

致力于本科教育的文理学院（Liberal Arts College）是美国高等教育体制中一个重要组成部分。这些学院历史悠久，主要建于 19 世纪上半叶至 20 世纪初，校友群体呈现精英化特征。19 世纪后期，众多美国基督徒踏上了前往东方传教的征程，这批传教士中有很多是来自文理学院的毕业生和教授。他们在中国居住的时间少则一两年，多则四五十年，返回故土时带回了大量珍贵资料，如日记、照片、传教工作记录、出版物和文档记录，比如本书中贝洛伊特学院（Beloit College）的著名来华传教士明恩溥（Arthur Henderson Smith）、博晨光（Lucius Porter）、博恒理（Henry Porter）档案。这些资料是他们与东方社会接触的历史见证。除此之外，19 世纪末至 20 世纪初，中国学生在美留学期间的学生档案及个人物品构成了另一类比较突出的馆藏，比如卫斯理女子学院（Wellesley College）的宋美龄档案和欧柏林学院（Oberlin College）的孔祥熙档案。还有一类藏品为收藏爱好者收集的各类东方文物，比如卫斯理安大学（Wesleyan University）东亚研究院的艺术和档案收藏与盖茨堡学院（Gettysburg College）的亚洲艺术特藏。

这些藏于文理学院图书馆或档案馆中的珍贵资料，往往知之者甚少。文理学院特色馆藏不如研究型大学特色馆藏受众面广，究其原因，笔者认为有三方面因素：第一，小型文理学院注重本科教学，使用第一手文献进行研究的需求比研究型大学低。第二，小型文理学院图书馆和档案馆的专业馆员数量较研究型大学少，导致藏品整理、描述、数字化和网络发布滞后。第三，文理学院受众面较研究型大学小，用户在搜寻资料时往往会忽略这方面的渠道。

这三方面因素促使笔者在 2014 至 2015 年、2022 至 2023 年间对美国欧柏林联盟中的 80 所文理学院图书馆进行了两次网络调查，并将最近一次（2022—2023）的调查成果译成中文，整理成有利于读者使用的目录提要，目的是协助读者广泛而深入地查找美国文理学院中的中国特藏。本书涉及 38 所学院、121 种中国特藏。这些特藏载体各异，内容丰富，大部分资料的时间跨度为 19 世纪后期至 20 世纪中期，一小部分涉及 21 世纪初叶，内容包括旅行日记、信函、相册、剪报、书刊、明信片和艺术藏品等。在调查过程中，笔者发现中国特藏的发掘、整理、描述和数字化进程与八年前比明显加快，有更多的资料被数字化处理并发布在网上，比如迪金斯学院（Dickinson College）和格林内尔学院（Grinnell College）的中国照片系列就是近期发布的。不过，已被数字化的中国特藏和各学院的整体藏品比，仍然属于少数。

笔者需要特别感谢本丛书主编、南京大学信息管理学院谢欢教授，从编译初始到最后定稿，他多次提供指导和建议。没有他的鼓励和支持，本书将一直处于构思阶段。

凡　例

一、本书采用以下档案目录提要的格式，括号内是档案馆的查找指南（Finding Aid）的对应英文原文。

题名

中文翻译

网址/原文出处

数字化照片

案卷号（Identifier）

作者（Creator）

时间范围（Dates）

数量（Extent）

使用权限（Access Restrictions）

语言（Language of Materials）

内容提要（Content/Abstract/Collections Statement）

二、目录提要来自图书馆和档案馆 2022 至 2023 年间的官网信息。本书中列出的网址来自同期的网络调查，网址可能会有改变，建议登录学院官方网站查找最新信息。

Augustana College 奥古斯塔纳学院

学院简介：

奥古斯塔纳学院是一所位于伊利诺伊州罗克岛的私立路德（Lutheran）学院。校园毗邻密西西比河，占地 115 英亩（46 公顷）。奥古斯塔纳学院由瑞典路德教定居者于 1860 年在芝加哥创立，已从一所教育瑞典移民的小型学校发展成一所精英文理学院。学院与美国福音派路德教会保持着联系。学院有 2349 名学生（2022 年数据）。

题名： Jane Tiedge Papers

中文翻译： 简·蒂奇档案

网址： https://augustana.libraryhost.com/repositories/2/resources/176

案卷号： MSS 94

时间范围： 1994—1998 and undated

数量： 1 盒

使用权限： 公开

语言： 英文

内容提要：

简·蒂奇（Jane Tiedge）档案包含蒂奇的学生论文，其中包括关于修女英格堡·尼斯图尔（Ingeborg Nystul）的文章、蒂奇 1998 年中国之行的日记以及杂项。馆藏分为学术、中国之旅和杂项三个系列。1998 年中国之旅系列包含一本打字日记，记录了蒂奇在中国的经历，以及有关她去中国研究尼斯图尔的文章和新闻稿。

简·蒂奇是 20 世纪 90 年代中期奥古斯塔纳学院的一名非传统学生，后来成为国际项目办公室的一名工作人员。罗斯·保尔森（Ross Paulson）教授鼓励她学习历史和宗教。作为学生和后来的独立学者，蒂奇的研究主要集中于路德派（Lutheran missionary）到中国的传教士英格堡·尼斯图尔修女。

题名： Sister Ingeborg Nystul Papers

中文翻译： 英格堡·尼斯图尔修女档案

网址： https://augustana.libraryhost.com/repositories/2/resources/181

案卷号： MSS 86

时间范围： 1869—1972 and undated

数量： 7 个盒子和 1 个超大文件夹

使用权限： 公开

语言： 英文、挪威文和中文

内容提要：

　　英格堡·尼斯图尔(Ingeborg Nystul)档案分为五个系列：传记、通信、照片、印刷材料和图画、物品。通信包含尼斯图尔写给她妹妹的信件。信中讨论的主题包括尼斯图尔在中国担任传教士的经历、在中国和国外的旅行以及当时中国的社会状况。相册中的照片记录了尼斯图尔在挪威、中国和美国的生活和传教工作。物品中大多数是尼斯图尔在中国居住期间收集的，包括纺织品、花瓶、纪念牌、卷轴等。

　　英格堡·尼斯图尔修女于 1880 年 4 月出生于挪威。后来移民到美国，先住在纽约，后搬到北达科他州。她曾经就读于明尼苏达州圣保罗的贝塞斯达之家和女执事学院，于 1906 年 9 月成为受过医学训练、祝圣的女执事。尼斯图尔是奥古斯塔纳主教会议派遣到中国的第一位女执事，有 42 年的传教生涯。1948 年，尼斯图尔离开中国，返回挪威。

Barnard College 巴纳德学院

学院简介：

    巴纳德学院，正式名称为哥伦比亚大学巴纳德学院，是一所位于纽约市曼哈顿区的私立女子文理学院。学院于 1889 年创立，是最早的"七姐妹学院"之一。"七姐妹学院"指的是美国东北部的七所文理学院，其中巴纳德学院（Barnard College）、布林莫尔学院（Bryn Mawr College）、曼荷莲学院（Mount Holyoke College）、史密斯学院（Smith College）和卫斯理学院（Wellesley College）现今仍然是女子学院，瓦萨学院（Vassar College）目前是一所男女合校的学院，而拉德克利夫学院（Radcliffe College）则在 1999 年并入哈佛学院。巴纳德目前是哥伦比亚大学下属四所本科学院之一，具有独立的招生、课程和财务体系。学院与哥伦比亚大学共享课程、图书馆、社团、体育场地和餐厅。学院招收 3126 名学生（2022 年数据）。

题名： Women of China 1979—2012

中文翻译： 中国女性 1979—2012

网址： https://collections. barnard. edu/public/repositories/2/archival_objects/6493

案卷号： 82

时间范围： 1979—2012

数量： 170 盒

使用权限： 公开

语言： 英文

内容提要：

    该收藏包括来自巴纳德妇女研究中心的伯迪·戈德史密斯·阿斯特（Birdie Goldsmith Ast）资源合集中的 184 种不同期刊，该中心原名巴纳德学院妇女中心。期刊包括《身体政治》《条件》《女权主义研究》《赫卡特》《土著妇女》《女士》《我们的背影》《标志》《第二波》《女性研究文摘》《文学中的女性》等。

巴纳德学院妇女中心（后更名为巴纳德妇女研究中心［BCRW］）的伯迪·戈德史密斯·阿斯特资源合集创立于 1973 年，收录了迈拉·约瑟夫斯（Myra Josephs）（巴纳德大学校友，1928 年毕业）的研究材料，以约瑟夫斯女士的母亲命名，旨在"为妇女运动延伸出的妇女研究提供空间"。在当时，这个收藏已经包含了超过 6000 项的印刷材料，被认为是美国东北部有关当代妇女研究重要的资源。收藏包括精装书和平装书，目录、书目和手册，通讯、报纸和期刊订阅以及临时材料，其中包括未发表的论文、未装订的手稿、会议记录、报告、小册子、事实说明、报纸和杂志剪报、政府文件等。这些材料被整理成 10 个类别：艺术与文化、教育、就业、综合、健康、法律地位、其他国家、性别角色和性别差异、暴力和性剥削、妇女运动。这个收藏一直对公众开放，并被学生、学者、记者和社会活动家广泛使用。

题名：Women in Revolutionary China

中文翻译：革命中国的妇女

网址：https://collections. barnard. edu/public/repositories/2/archival_objects/8259

盒号：90

时间范围：1906—2014（多数资料集中在 1975 至 2001 年间）

数量：110 个 hollinger 盒子，一个半 hollinger 盒子，5 个 banker 盒子

使用权限：公开

语言：英文

内容提要：

该收藏是伯迪·戈德史密斯·阿斯特资源收藏的一部分，包括信件、小册子、手稿、大学出版物、杂志、海报、传单、通讯和剪报。

题名：The China Relief Legion Pamphlet to Mr. Frederick C. Overbury with envelope, from Buck, Pearl S. (Pearl Sydenstricker), 1957

中文翻译：1957 年赛珍珠（Pearl Sydenstricker Buck）寄给弗雷德里克·C. 奥弗伯里（Frederick C. Overbury）先生的中国救济军团小册子并附信封

网址：https://collections. barnard. edu/public/repositories/2/archival_objects/2869

盒号： 1

文件夹号： 86（属于 Overbury Collection）

时间范围： 1957

数量： 1 件

使用权限： 公开

语言： 英文

内容提要：

奥弗伯里收藏（Overbury Collection）的时间跨度为 1777 至 1963 年。这些材料包括 1900 部稀有书籍版本以及近 1000 件通信和手稿，主要由美国作家特别是美国女性作家创作。手稿和信件包含阿比盖尔·亚当斯（Abigail Adams）、洛伊莎·梅·奥尔科特（Louisa May Alcott）、弗朗西斯·霍奇森·伯内特（Frances Hodgson Burnett）、维拉·卡瑟（Willa Cather）、海伦·凯勒（Helen Keller）、埃德娜·圣文森特·米莱（Edna St. Vincent Millay）和格特鲁德·斯坦（Gertrude Stein）等作者的材料。

Bates College 贝茨学院

学院简介：

    贝茨学院是一所位于缅因州刘易斯顿市的私立文理学院。学院坐落在 Historic Quad 的中心，占地总面积为 813 英亩（329 公顷）。学院在坎贝尔岛附近拥有 600 英亩（240 公顷）的自然保护区，被称为"贝茨–莫斯山"。贝茨学院成立于 1855 年，由废奴主义政治家奥伦·伯班克·切尼（Oren Burbank Cheney）和纺织业大亨本杰明·贝茨（Benjamin Bates）创办。最初成立时称为缅因州立神学院（Maine State Seminary），该学院是新英格兰地区第一所男女合校的大学，并授予了该地区的第一个女性本科学位。历史上，在解放奴隶宣言颁布之前，贝茨学院就已经录取有少数族裔学生。学院招收 1821 名学生（2022 年数据）。

题名： Bits of Old China

中文翻译： 旧中国的点点滴滴

网址： https://bates-archives.libraryhost.com/repositories/2/resources/135

案卷号： MC037

时间范围： 1908

数量： 1 册

使用权限： 供研究使用

语言： 英文

内容提要：

    该系列由一册装订本的水墨画及相关说明组成，描述了 20 世纪初中国福州的生活和风俗。这些图画由 1901 至 1907 年在中国担任基督教传教士的伊芙琳（Evelyn）和克莱门特·塞茨（Clement Sites）收集。该系列还包括这本书的原始刺绣丝绸封面。

题名：Richard A. Melville Papers

中文翻译：理查德·A. 梅尔维尔档案

网址：https://bates-archives.libraryhost.com/repositories/2/resources/154

案卷号：MC059

作者：Melville, Richard A.

时间范围：1953—2003

使用权限：个人系列中的材料只能在卡洛斯·梅尔维尔（Carlos Melville）的许可下查阅。

语言：英文

内容提要：

　　该系列包括信件、剪贴簿、照片、新闻剪报、出版物和打字稿，内容涉及梅尔维尔在国际关系和金融方面的工作。有一些与梅尔维尔在外交部工作有关的资料，包括他在山区部落工作和狩猎旅行的几本相册，其中许多图像是梅尔维尔在他2000年出版的《东北森林》一书中发表的。该系列还包括记录他与诺罗敦·西哈努克关系的材料，以及梅尔维尔保护柬埔寨文物的工作材料。个人系列包括梅尔维尔与家人和朋友的通信、梅尔维尔参与慈善活动和志愿者活动的文档以及他在贝茨学院和约翰霍普金斯大学董事会的工作。

题名：Shanghai Jewish Community Oral History Project

中文翻译：上海犹太社区口述历史项目

网址：https://bates-archives.libraryhost.com/repositories/2/resources/246

案卷号：SJOH

作者：Hochstadt, Steve

时间范围：1989—1999

数量：99段采访录音

使用权限：部分受限

语言：大多数英语，少量德语

内容提要：

　　上海犹太社区口述历史项目的指导学者是贝茨学院前历史教授史蒂夫·霍赫施塔特(Steve Hochstadt)。该项目收集上海犹太人的口述历史，展示了他们如何创建一个由犹太教堂、咖啡馆、剧院、学校和传媒组成的社区。第一次采访是在1989年春天的中国之行中完成的，其余的采访则是在佛罗里达、加利福尼亚、柏林、维也纳、萨尔茨堡、芝加哥等地进行的。该收藏包括110多名上海犹太人的99段采访录音。目前转录工作仍在进行中。

Beloit College 贝洛伊特学院

学院简介：

    贝洛伊特学院是一所位于威斯康星州贝洛伊特的私立文理学院。学院由"教育之友"（Friends for Education）团体创立于 1846 年，是该州历史最悠久且持续运营的大学。"教育之友"团体由 7 位新英格兰的先驱者发起，他们筹集了建立大学所需的资金，并成功说服领地立法机构于 1846 年 2 月 2 日颁布贝洛伊特学院章程。学院约有 1100 名本科学生（2022 年数据）。

题名： Anne Bassett Kelley Papers

中文翻译： 安妮·巴西特·凯利档案

网址： https://beloitarchives.lyrasistechnology.org/repositories/2/resources/107

案卷号： MC62

作者： Anne Bassett

时间范围： 1907—2005

数量： 2 盒

使用权限： 公开

语言： 英文

内容提要：

    档案包括大量凯利在 1919 至 1923 年间从中国寄出的信件，以及她在中国的养女在 20 世纪 40 至 90 年代期间给凯利和其他家庭成员的信件，共计数百封。除了信件，还有许多凯利在中国期间的照片和她收集的纪念品。

    安妮·巴西特·凯利（Anne Bassett Kelley），又名南（Nan），1883 年 9 月 29 日出生于威斯康星州的沃彭（Waupun）。1903 至 1907 年就读于贝洛伊特学院，并获文学学士学位。毕业后在威斯康星州的高中任教拉丁语、法语和德语，后在威斯康星大学攻读硕士学位，专攻英语。1921 年前往中国，负责北京的布里奇曼学院（Bridgeman academy）的英文部。该学院受美布会（American Board of Foreign

Missions)管理，学校里的250名女生来自中国的各个社会阶层。1925年凯利回国度假，期间曾在纽约市哥伦比亚大学进行研究工作。回到中国后，签订了继续传教七年的合同。1972年12月16日凯利在加利福尼亚州克莱蒙特去世。

题名： Porter Family Papers

中文翻译： 波特家庭档案

网址： https://beloitarchives.libraryhost.com/repositories/2/resources/124

案卷号： MC87

作者： Lucius Porter, Henry Porter, et al.

数量： 17盒

使用权限： 公开；某些材料易损，需工作人员处理，否则使用可能会受到限制。

语言： 英文

内容提要：

博晨光（Lucius Porter）档案：该系列包括1947至1949年来自中国的信件，这些信件描述了共产主义的兴起以及博晨光返回美国之前的情况。博晨光的大部分信件已被转录。具体藏品包括传记资料、证书、家谱信息、期刊、出版图书、笔记、原始讲稿、小册子、照片、档案等。

博恒理（Henry Porter）档案：该系列包括关于博恒理的文章、信件、中英文小册子等。

题名： Arthur Henderson Smith Papers

中文翻译： 明恩溥档案

网址： https://beloitarchives.lyrasistechnology.org/repositories/2/resources/130

案卷号： MC101

作者： Arthur Henderson

时间范围： 1852—1932, 1964, 1989—1992

数量： 3盒

使用权限： 对研究开放；某些材料物理状况较差，需工作人员处理，否则无法使用。

语言：英文

内容提要：

　　该系列包括许多明恩溥的原创作品，例如信件、日记、传记和手稿，以及他的各种文章和书籍的已出版版本。还有关于明恩溥的文章、照片和一本明恩溥的签名书，上面有不少知名人士的签名和笔记。

　　明恩溥（Arthur Herderson Smith）于 1845 年 7 月 18 日出生在康涅狄格州弗农（Vernon）。1867 年毕业于贝洛伊特学院，并曾在安多佛神学院、纽约市联合神学院和纽约医学院学习。1871 年，与艾玛·简·狄金森（Emma Jane Dickinson）结婚。他们于 1872 年根据美部会的安排一起前往中国。明恩溥作为学者和管理者的卓越才能很早就开始展现，很少有人能像他一样深入地了解中国生活，并准确而生动地予以阐释。他写了大量有关中国的著作，如《中国的文明》《中国人的气质》《中国乡村生活：社会学研究》《动乱中的中国》等。当中国政府提议向美国支付义和团运动的赔偿金时，明恩溥前往美国，向罗斯福总统建议将赔偿金返还，用以资助有前途的中国青年在美国的大学接受教育。1932 年 8 月 31 日，明恩溥在加利福尼亚州克莱蒙特的 Pilgrim Place 去世。

题名： Oriental Educational Investigation Commission Trip to China，1909

中文翻译： 1909 年东方教育调查委员会中国之行

网址： https://beloitarchives.lyrasistechnology.org/repositories/2/archival_objects/7045

案卷号： MC31（属于 Rollin T. and Thomas C. Chamberlin）

作者： Rollin T. and Thomas C. Chamberlin

时间范围： 1909

使用权限： 对研究开放；某些材料物理状况较差，需工作人员处理，否则无法使用。

语言： 英文

内容提要：

　　这一系列的照片是罗林·钱伯林（Rollin Chamberlin）于 1909 至 1910 年作为东方教育调查委员会的一员在中国进行考察的旅途中拍摄的。罗林是芝加哥大学教授、地质学家。该系列还包含罗林的六本日记，其中提供了这次旅行的详细信息和途中的所见所闻。

Berea College 伯里亚学院

学院简介：

  伯里亚学院是一所位于肯塔基州伯里亚的私立文理学院。学院最早由废奴主义者、奥古斯塔学院毕业生约翰·格雷格·费(John Gregg Fee)于1855年创立，采用一致的课程教育黑人和白人学生，是当时南方第一所非隔离的男女合校大学。学院有1454名学生(2022年数据)。

题名： Francis S. Hutchins Papers

中文翻译： 弗朗西斯·S. 哈钦斯档案

网址： https://berea. libraryhost. com/index. php? p = collections/controlcard&id = 252&q = China

案卷号： G 03/3. 05

作者： Francis S. Hutchins

时间范围： 1924—1979

使用权限： 版权尚未授予伯里亚学院。根据版权法，某些材料可能由于其个人性质而受到限制。

语言： 英文

内容提要：

  该系列是伯里亚学院第五任校长弗朗西斯·斯蒂芬森·哈钦斯(Francis Stephenson Hutchins)的官方记录和个人文件。档案记录了哈钦斯的管理工作以及他在中国雅礼协会的岁月。1960年之前的大部分行政记录已经丢失，该时期的文件相对较少。

  弗朗西斯·斯蒂芬森·哈钦斯于1902年出生在马萨诸塞州诺斯菲尔德，曾在欧柏林学院(1923年文学学士)和耶鲁大学(1933年文学硕士)接受教育。1925年前往中国担任讲师，是雅礼协会的一名成员。1939年离开中国，被任命为伯里亚学院院长，直到1967年退休。哈钦斯于1988年11月28日去世，安葬在伯里亚。

Bowdoin College 鲍登学院

学院简介：

    鲍登学院是一所位于缅因州布伦斯维克的文理学院。学院成立于 1794 年，当时缅因还是马萨诸塞州的一部分。学院以马萨诸塞州前任州长詹姆斯·鲍登（James Bowdoin）的名字命名，其子詹姆斯·鲍登三世（James Bowdoin Ⅲ）是学院的早期资助人。鲍登学院在 19 世纪 20 年代开始发展壮大，缅因州在密苏里协议签署后（Missouri Compromise）成为独立州，美国总统富兰克林·皮尔斯（Franklin Pierce）也于同时期毕业于鲍登学院。学院有在校学生 1915 人（2022 年数据）。

题名： Chinese Cultural Revolution Collection

中文翻译： 中国"文革"收藏

网址： https://library. bowdoin. edu/arch/mss/ccrg. shtml

案卷号： M278

时间范围： 1953—2000

使用权限： 公开

语言： 中文和英文

内容提要：

    该系列材料大部分来自中国"文革"时期，包括宣传单、唱片、画作、生活物件等。其中还有一部由弗朗西斯·B. 坦尼（Francis B. Tenny）撰写的费城交响乐团 1973 年中国巡演的个人回忆录（手稿复印件）。

题名： The Henry Crosby Emery Papers，1908—1985

中文翻译： 亨利·克罗斯比·埃默里档案，1908—1985

网址： https://library. bowdoin. edu/arch/mss/hceg. shtml

案卷号： M210

作者： Henry Crosby Emery

时间范围：1908—1985（多数集中在 1917 至 1924 年）

使用权限：不详

语言：英文

内容提要：

该系列包括亨利·克罗斯比·埃默里（Henry Crosby Emery）和他的妻子苏珊娜（Suzanne）在中国和俄罗斯旅行期间撰写的信件（1917—1924）、日记（1917—1918）、文章和演讲（1908—1924），以及一些照片和剪报（1905—1985）。

亨利·克罗斯比·埃默里于 1872 年 12 月 21 日出生在缅因州埃尔斯沃思（Ellsworth）。1892 年从鲍登学院毕业，后在哈佛大学获得硕士学位（1893 年）、在哥伦比亚大学获得博士学位（1896 年）。作为一名经济学家，埃默里曾在鲍登学院（1897—1900）和耶鲁大学（1900—1915）任教。1917 年，在俄罗斯圣彼得堡与苏珊·C. 阿林森（Suzanne C. Allinson）结婚。埃默里夫妇在 1917 至 1918 年间游历了俄罗斯，对俄国的工业和金融状况进行了研究，并目睹了俄国革命的爆发。埃默里夫妇还在中国居住过（1920—1924），期间埃默里担任纽约亚洲银行公司北京分行经理。埃默里在从中国返回美国的船上死于肺炎（1924 年）。他的博士论文《美国股票和农产品交易所的投机》（*Speculation on the Stock and Produce Exchanges of the United States*，1896 年）是对交易所经济学的权威分析。

题名：The Huntington Gilchrist Papers，1815—1922

中文翻译：亨廷顿·吉尔克里斯特档案，1815—1922

网址：https://library.bowdoin.edu/arch/mss/hgg.shtml

案卷号：M072

作者：Huntington Gilchrist

时间范围：1815—1922

使用权限：不详

语言：英文

内容提要：

该系列包括亨廷顿·吉尔克里斯特（Huntington Gilchrist）在福州和北京的英华学院（Anglo-Chinese College）任教期间所写或收到的信件，以及他晚年的一些信件。写信对象主要是他的母亲，讨论了他的任教和旅行经历。资料还包括吉尔克里斯特的日记以及211张大部分来自中国的底片，日记写于从旧金山到中国的途中（1913年8至9月），止于抵达日本京都时。

亨廷顿·吉尔克里斯特于1891年11月16日出生在马萨诸塞州波士顿，是威廉姆斯学院（1913年获学士学位）、哈佛大学（1916年获硕士学位）和哥伦比亚大学（1918年获博士学位）的毕业生，曾参与建立国际联盟和联合国。自1950年开始，吉尔克里斯特担任了四年的美国驻比利时大使。他也是瑞士日内瓦国际学校的创始人之一，并在1960至1963年担任董事会主席。1975年1月13日吉尔克里斯特在康涅狄格州里奇菲尔德去世。

Bryn Mawr College 布林莫尔学院

学院简介：

布林莫尔学院是一所位于宾夕法尼亚州布林莫尔（Bryn Mawr）的女子文理学院。学院成立于 1885 年，最初是一所贵格会（Quaker）学院，也是美国历史上的"七姐妹学院"之一。学院是美国第一所提供博士学位教育的女子学院。学院有 1409 名本科生和 333 名研究生（2022 年数据）。

题名： Chinese Scholarship Committee Records

中文翻译： 中国奖学金委员会档案

网址： https://archives. tricolib. brynmawr. edu/resources/bmc-rg4-jc

案卷号： BMC-RG4-JC

作者： Chinese Scholarship Committee（Bryn Mawr College）

时间范围： 1916—1988

使用权限： 供研究使用

语言： 英文

内容提要：

该系列包括中国奖学金委员会的财务和行政记录，以及直接受益于该基金的中国学生的大量信件。分为四个系列：一，"行政记录，1916—1988 年"。二，"财务记录，1916—1988 年"。三，"一般信函，1916—1988 年"。四，"玛格丽特·伍德·基思（Margaret Wood Keith）文件，1916—1988 年"。在 1916 至 1988 年的"行政记录"系列中，有一系列丰富（虽然不完整）的年度委员会报告。另有一组文件涉及委员会管理、财务和历史的信息。还有部分与筹款、学生录取及评估相关的通信文件。"财务记录"包括三本分类账，记录了捐赠者的姓名、日期和捐款金额；还有一些与捐赠者活动和筹款有关的通信和收据文件。"一般信函"分为两个子系列："中国学生写给项目管理人员的信函"和"与/关于中国学生的通信"。这些信函数量众多，报告了学生的学习进展和经济需求。"玛格丽特·伍德·基思文件"多由信函组成，作者包括比阿特丽斯·麦克乔治（Beatrice MacGeorge）、塞缪尔·楚夫夫人（Samuel Chew）、玛格丽特·贝利·斯皮尔（Margaret Bailey Speer）、安妮·沃克斯（Anne Vaux）和布林莫尔学院校长等。

中国奖学金委员会于 1916 年由露西·马丁·唐纳利教授（Professor Lucy Martin Donnelly）创立。该基金提供一个年度奖学金，用于支持一名中国女性前往布林莫尔学院学习。

题名： Andrew H. Woods Papers

中文翻译： 安德鲁·H. 伍兹档案

网址： https://archives.tricolib.brynmawr.edu/resources/bmc-m78

案卷号： BMC-M78

作者： Andrew H. Woods

时间范围： 1885—1956

使用权限： 供研究使用

语言： 英文

内容提要：

安德鲁·H. 伍兹（Andrew H. Woods）档案包括伍兹在中国和美国的生活与工作的日记、所写文章、照片和明信片，以及芬妮·辛克莱尔的姐姐阿格尼丝·辛克莱尔（Agnes Sinclair）的大部分私人信件。该收藏分为六个系列："第一系列：日志"。"第二系列：照片和明信片"。"第三系列：信函"。"第四系列：出版物"。"第五系列：文件"。"第六系列：超大文件"。"第一系列：日志"包括伍兹写的 25 本日志。早期日志（1885—1890）是每天带有几个笔记的小日历。1890 年后，他写日志的频率较低但是篇幅较长。1891 至 1904 年的日志记录了伍兹在华盛顿与李大学的生活、在宾夕法尼亚和马萨诸塞州的私立学校的教学经历、在医学院的时间、与芬妮·辛克莱尔的婚姻、他的广州之旅以及他在中国的最初经历。1905 至 1914 年的散落日志记录了他在广州教学和从医的经历、在宾夕法尼亚大学诊所的实习经历以及返回广州的决定。1915 至 1918 年的日志描述了他作为陆军医生的医学观察。1918 至 1928 年的日志记录了他在北京协和医学院的经历。1929 至 1956 年的日志描述了他在爱荷华州的医学工作和个人生活。附加的日志包括账单和财务记录、医疗记录、地址簿、笔记等。"第二系列：照片和明信片"包括九本相册，另有许多零散的照片、明信片。相册中大部分是在中国拍摄的照片，也有一些来自在艾奥瓦和法国的家庭旅行。零散照片包括伍兹和辛克莱尔的家庭照片。有四个文件夹，内有北京梅莉摄影公司制作的关于天坛、北京西山、颐和园和避暑山庄的明信片。"第三系列：信函"根据通信者的不同分为12个文件夹。大部分信函由阿格尼丝·辛克莱尔（芬妮的姐姐）保存的，少数信件是20世纪50年代从玛丽·霍克西·琼斯（Mary Hoxie Jones）处收到的。"第四系列：出版物"包括伍兹所写的出版物和杂项文章。伍兹早期的文章讨论了在中国的医疗实践，1928年以后他开始写作精神病学和神经学疾病及在艾奥瓦的实践，偶尔也涉及中国。"第五系列：文件"是伍兹在艾奥瓦期间收集和整理的，大多数文件来自20世纪40年代晚期和50年代，即他退休生活的后期。其中包括他与家人、朋友往来的信件，有关艾奥瓦市公民事务、改善艾奥瓦精神疾病医院等内容的信件和信息，以及报纸剪报。"第六系列：超大文件"包括各种主题的剪报、笔记、信件、报告、文凭、执照、证书、照片、素描。

安德鲁·H. 伍兹在西弗吉尼亚州马丁斯堡长大，曾就读于华盛顿与李大学，1893年毕业。后在宾夕法尼亚州和马萨诸塞州的私立高中教学，直到获得宾夕法尼亚大学医学系的奖学金。从宾大毕业后，伍兹接受了在中国的职位，担任新成立的广州基督教大学（后来更名为岭南大学）的副校长。1899年7月在北菲尔德的一次大会上伍兹遇见了芬妮·辛克莱尔。芬妮的姐姐埃尔西·辛克莱尔毕业于布林莫尔学院，与丈夫科特兰特·范伦瑟拉尔·霍奇（Cortlandt Van Rensselaer Hodge）一起作为传教士在太原生活。两人在1900年义和团运动中丧生。1902年，伍兹返回美国与芬妮·辛克莱尔结婚。尽管学院暂时迁至澳门，伍兹仍留在广州并在医院工作。不久之后，伍兹一家搬到了布林莫尔。伍兹在宾夕法尼亚大学诊所和费城综合医院担任助理神经学家和教师。

题名： Speer Family Papers
中文翻译： 斯皮尔家族档案
网址： https://archives.tricolib.brynmawr.edu/resources/bmc-m72
案卷号： BMC-M72

作者：Speer Family

时间范围：1802—1982(主要集中在 1883 至 1943 年)

使用权限：供研究使用

语言：英文

内容提要：

　　斯皮尔家族(Speer Family)档案主要包含罗伯特·埃利奥特·斯皮尔(Robert Elliott Speer)及其直系亲属的个人档案——他的妻子艾玛·贝利·斯皮尔(Emma Bailey Speer)，他的孩子玛格丽特·贝利·斯皮尔(Margaret Bailey Speer)和威廉·斯皮尔(William Speer)。有关中国的部分集中在"系列二：Papers of Robert Elliott Speer"和"系列四：Papers of Margaret Bailey Speer"。系列二包含大量个人信件，罗伯特·埃利奥特·斯皮尔写给女儿玛格丽特的信主要涉及家庭事务，偶有关于中国和他传教工作的内容。系列四主要是玛格丽特从布林莫尔的学生时代到在中国工作期间的信件，其中描述了中国的时局、她的生活与工作，以及政治局势和事件对学生和大学的影响。

Carleton College 卡尔顿学院

学院简介：

  卡尔顿学院是一所位于明尼苏达州诺斯菲尔德的私立文理学院。学院的主校园占地 200 英亩（81 公顷）。学院成立于 1866 年，当时明尼苏达州的会众制教会大会一致接受了将一所学院设在诺斯菲尔德的提案。诺斯菲尔德的两位商人——查尔斯·奥古斯都斯·惠顿（Charles Augustus Wheaton）和查尔斯·摩尔豪斯·古德塞尔（Charles Moorehouse Goodsell），各自捐赠了 10 英亩（约 4 公顷）的土地建造第一个校园。学院有在校学生 2044 名（2022 年数据）。

题名： Haldore Hanson's China Collection（1937—1938）

中文翻译： 霍尔多·汉森中国收藏（1937—1938）

数字照片： https://contentdm.carleton.edu/digital/collection/China1949

作者： Haldore Hanson

时间范围： 1937—1938

数量： 147 张照片

使用权限： 公开

语言： 英文

内容提要：

  该收藏包括霍尔多·汉森（Haldore Hanson）1937 至 1938 年间在中国拍摄的照片，其中包括在延安的中国共产党领导人的早期照片，还有著名的加拿大外科医生诺曼·白求恩博士的照片。

  霍尔多·汉森于 1934 年从卡尔顿学院毕业。毕业后来到中国，在北京学习中文、教授英语，并为当地的英语杂志自由撰稿。1937 年 7 月卢沟桥事变后，美联社聘请汉森做兼职战地记者。他成为最早一批前往日军后方调查游击活动和有组织的农民武装的外国记者。在 1938 年 3 月初次调查期间，汉森会见了冀中人民自卫军司令吕正操。5 月下旬，汉森再次越过前线，在两个半月的时间里，在华北、山西和陕西与八路军一起行进，拍摄了一系列有关战斗场面、被毁的城镇和村庄以及游击队成员生活场景的照片。途中，他还采访了毛泽东和其他杰出的中国共产党领导人。后来，他在《人道的努力：中国战争的故事》(*Humane endeavor: the story of the China war*)和《环绕第三世界五十年：一位海外美国人的冒险与反思》(*Fifty years around the third world: adventures and reflections of an overseas American*)两本书中对自己在中国的经历进行了历史性的描述。汉森于 1938 年末返回美国，后来在国务院以及各种非政府组织和基金会中担任职务。1992 年汉森去世后，他的家人将他在中国所摄照片的副本捐赠给卡尔顿学院。北京军事博物馆也收藏有这些照片的副本。

Claremont Colleges 克莱蒙特联盟学院

学院简介：

　　克莱蒙特联盟学院(俗称7Cs)是位于加利福尼亚州克莱蒙特的七所私立高等教育机构的联盟。它们包括五所本科学院——波莫纳学院(Pomona College)、斯克里普斯学院(Scripps College)、克莱蒙特·麦肯纳学院(Claremont McKenna College)、哈维·马德学院(Harvey Mudd College)和皮策学院(Pitzer College)，以及两所研究生院——克莱蒙特研究生大学(Claremont Graduate University)、凯克研究生学院(Keck Graduate Institute)。该联盟由波莫纳学院校长詹姆斯·A. 布莱斯代尔(James A. Blaisdell)于1925年创立，他提出了受牛津大学启发的学院设计构想。希望这样的形式既能提供小学院的专业性、灵活性和个性化关注，又具备大学的资源。联盟有约8500名学生和3200名教职员工(2022年数据)，共享图书馆、校园安全服务、健康服务和其他资源。学院之间有各种社交互动并共享课程注册，同时各自保持着自己的特色和身份。

题名：Ch'en Shou-yi Collection

中文翻译：陈受颐档案

网址：https://oac. cdlib. org/findaid/ark: /13030/c8z325c0/

案卷号：H. Mss. 0176

作者：陈受颐

时间范围：1930s—1970s

数量：29盒，其中9盒在特藏部，20盒在亚洲图书馆。

使用权限：供研究使用

语言：中文，英文

内容提要：

　　这个收藏包括陈受颐(Ch'en Shou-yi)的通信、照片、个人文件(包括北京大学的聘书、岭南大学的考试记录与阅读笔记)、与波莫纳学院行政和院系事务有关的备忘录和报告、中文手稿、纪念品等。

　　陈受颐出生于广东番禺，1920年毕业于广东基督教大学(后来的岭南大学)。1929年，在芝加哥大学获得比较文学博士学位。1931至1937年间，曾担任北京大学历史系主任。1941年，加入波莫纳学院(Pomona College)担任全职教授，一直到1967年退休。陈受颐在波莫纳学院开创了亚洲研究项目，最终发展为中国语言与文学系，对现代中国的比较文化研究和中西文化交流的历史研究有开创性贡献。1978年陈受颐去世后，他的家人将他的信函、照片、私人图书收藏、工作笔记、手稿等捐赠给了克莱蒙特联盟学院。

题名： American Missionaries and Educators in China Collection

中文翻译： 美国在华传教士和教育家收藏

网址： https://oac.cdlib.org/findaid/ark:/13030/kt1489q3sk/

案卷号： H1971.1

作者： Ady, Merrill S. Cross, Rowland McLean Ely, Lois Anna Gillespie, Miln Horn, Josie E. Houston, Lyda S. Ikenberry, Ernest Leroy and Olivia D. Jones, Francis Price Kellogg, Claude R. Lingle, Jean Luce, Henry McCallum, James H. Potts, Anna Hortense Rowley, Grace Scott, Roderick Shepherd, Clara Sargent Simkin, Robert and Margaret Smythe, Lewis S. C. Steurt, Marjorie Rankin Tootell, George T. Topping, William Hill Winans, Pearl B. Fosnot

时间范围： 1889—1972(大部分材料在1910至1950年间)

数量： 35盒

使用权限： 供研究使用

语言： 英文

内容提要：

　　该收藏包含多名美国传教士和教育工作者在中国的信件、日记、著作、照片、报告、文章剪报和小册子。这一收藏源于克莱蒙研究生院的口述历史项目。1969年，中国传教士项目启动，为44位在中国担任传教士或教育工作者的个人创建了口述历史。在这个项目实施的过程中，一些传教士和教育工作者向霍诺德/穆德图书馆特藏部捐赠了他们的文件。该档案有多种类型的材料，包括信件、日记、著作、照片、报告、文章剪报、小册子等。

题名：China Missionary Oral History

中文翻译：中国传教口述历史

网址：https：//ccl. on. worldcat. org/search?sortKey＝LIBRARY&databaseList＝239％2C1708％2C638％2C245％2C251&queryString＝ut％3A％22China＋missionaries＋oral＋history＋project％22&changedFacet＝scope&subscope＝wz％3A519％3A％3Asz％3A36307&format＝all&database＝all&author＝all&year＝all&yearFrom＝&yearTo＝&language＝all

作者：Claremont Graduate School Oral History Program

时间范围：1970，1971

使用权限：不详

语言：英文

内容提要：

　　克莱蒙特口述历史研究生院（Claremont Graduate School Oral History）在 1970 年和 1971 年进行了一系列采访，记录并转录了曾在中国传教的传教士的经历。

Clark University 克拉克大学

学院简介：

克拉克大学是一所位于马萨诸塞州伍斯特市的私立研究型大学。该校创立于1887 年，是美国最早的现代研究型大学之一，得益于赞助人乔纳斯·吉尔曼·克拉克(Jonas Gilman Clark)的大笔捐赠。克拉克大学最初是一所全研究生的院校，第一批本科生于 1902 年入学，而女性则于 1942 年首次被招收入学。学校有在校学生 3801 人，其中本科生 2389 人、研究生 1412 人(2022 年数据)。

题名：The George Hubbard Blakeslee Papers

中文翻译：乔治·哈伯德·布莱克斯利档案

网址：https://commons. clarku. edu/goddard_library_finding_aids/15/

作者：George Hubbard Blakeslee

时间范围：1888—1962(主要集中在 1908 至 1952 年间)

数量：23 盒

使用权限：公开

语言：英文

内容提要：

乔治·哈伯德·布莱克斯利(George Hubbard Blakeslee)档案包括小册子、演讲、信件、剪贴簿和报告。内容涉及他的大学生活和外交活动，时间跨度为 1888 至 1962 年。尽管其中不包括布莱克斯利与国务院之间的正式通信，但仍然有许多重要的资料，如有关 1921 年华盛顿裁军会议、1931—1932 年的里顿委员会以及二战后远东委员会的材料等。

乔治·哈伯德·布莱克斯利从 1903 年开始在克拉克大学教授历史和国际关系，于 1943 年退休。布莱克斯利博士创立并编辑有美国第一本专门研究国际关系的期刊——《种族发展杂志》(后来改名为《国际关系杂志》)，并于 1922 年与《外交事务》杂志合并)。布莱克斯利在教学期间和荣休后一直担任美国国务院的顾问。

Colgate University 科尔盖特大学

学院简介：

    科尔盖特大学是一所位于纽约州汉密尔顿的私立文理学院，成立于 1819 年，最初被称为"纽约州浸会教育协会"，并在 1823 年更名为"汉密尔顿神学与文学学院"，俗称"汉密尔顿学院"（1823—1846）、"麦迪逊学院"（1846—1890），自 1890 年以来使用现在的名称。大学有约 3200 名学生（2022 年数据）。

题名： Modern Sketch（Shi Dai Man Hua）Collection

中文翻译：《时代漫画》珍藏

网址： https://archives. colgate. edu/repositories/2/resources/497

案卷号： M0099

时间范围： 1934—1937

数量： 39 本

语言： 中文

内容提要：

    该收藏为 1934 至 1937 年间的中国期刊《时代漫画》。期刊载有 20 世纪 30 年代中期上海漫画艺术黄金时代的漫画、卡通和幽默作品。

Depauw University 迪堡大学

学院简介：

迪堡大学是一所位于印第安纳州格林卡斯尔的私立文理学院。学院于 1837 年创立，最初被称为印第安纳·阿斯伯里大学（Indiana Asbury University），并于 1884 年改为迪堡大学（Depauw University），以纪念华盛顿·C. 迪堡（Washington C. Depauw）。华盛顿·C. 迪堡在 20 世纪 70 年代期间向大学进行了一系列重大捐赠。其校园位于印第安纳波利斯以西 45 英里（72 公里），占地 175 英亩（70 公顷），另有 520 英亩（210 公顷）的迪堡自然公园。学校有在校学生 1754 名（2022 年数据）。

题名： Dorothy Birney Bailey Papers

中文翻译： 多萝西·伯尼·贝利档案

网址： https://depauw. libraryhost. com/repositories/2/resources/8882

案卷号： MSM-2012-001

作者： Dorothy Birney Bailey

时间范围： 1929—1976

数量： 1 个文件夹

使用权限： 供研究使用

语言： 英文

内容提要：

该系列包括致多萝西·伯尼·贝利（Dorothy Birney Bailey）的信件和她对于涉及个人、家人、朋友和同事的相关事件的声明。多萝西是卫理公会主教劳丽丝·约翰·伯尼（Lauress John Birney）的女儿。20 世纪 20 年代，她与父亲在中国共同生活过一段时间。

题名：Wilbur Fisk Walker Papers

中文翻译：威尔伯·菲斯克·沃克档案

网址：https://depauw.libraryhost.com/repositories/2/resources/688

案卷号：MSD-1868-003

作者：Wilbur Fisk Walker

时间范围：1845—1932

数量：2盒，1卷

使用权限：供研究使用

语言：英文

内容提要：

　　该系列包含威尔伯·菲斯克·沃克(Wilbur Fisk Walker)的日记、传记、素描、剪贴簿、信件和照片以及其他物品，其中有关于义和团运动期间北京被围事件的资料。

　　威尔伯·菲斯克·沃克于1845年10月23日在印第安纳州麦迪逊县的彭德尔顿(Pendleton)出生。1867年获得了卫理公会(Methodist Episcopal Church)的传道许可。1868年毕业于印第安纳阿斯伯里大学(Indiana Asbury University，今迪堡大学)。在本科时期，成为印第安纳阿尔法分会(Indiana Alpha chapter)的费卡普西兄弟会(Phi Kappa Psi fraternity)创始人之一。1869年，获准进入North Indiana Conference的卫理公会，与玛丽·莫里森结婚，并在若干教堂担任传道人。1873年，被任命为中国华北的传教士，在教堂中担任传道人、教师、总监长和翻译。沃克在中国一直工作到1906年，于1908年退休，之后重新加入North Indiana Conference。晚年居住在埃文斯维尔(Evansville)。

题名：Quincy Allen Myers Papers

中文翻译：昆西·艾伦·迈尔斯档案

网址：https://depauw.libraryhost.com/repositories/2/resources/3505

案卷号：MSM-2010-042

作者：Quincy Allen Myers

时间范围：1867—1951

数量： 2 个文件盒，1 册

使用权限： 供研究使用

语言： 英文

内容提要：

该系列包含昆西·艾伦·迈尔斯（Quincy Allen Myers）牧师的文档。其中有中文翻译、圣诞贺卡、信件、日记、家族历史、地图、剪报、用中文写的布道书和著作，内容涉及他的宣教工作和旅行。该系列还包括一部科拉·莱西·迈尔斯（Cora Lacey Myers）撰写的传记《善意信使》（*A Good-Will Messenger*）。

昆西·艾伦·迈尔斯于 1867 年 8 月 14 日在印第安纳州纽波特（Newport）出生。1893 年 5 月毕业于加勒特圣经学院（Garrett Biblical Institute）。1893 年 11 月 1 日，与科拉·莱西（Cora Lacey）结婚。不久后，这对夫妇开始通过卫理公会（Methodist Church）前往中国传教。在重庆，迈尔斯跟随 Chen Chen 老爷学习汉语，很快学会阅读中文圣经，并为中国人主持礼拜。1896 年，迈尔斯参加卫理公会的年会，在旅途中收获了许多关于中国的知识。会议上他被任命为重庆地区的负责人以及传教总会的财务主管。迈尔斯于 1908 年退任传教士工作，回到印第安纳州佩里维尔（Perrysville）生活，后在银行工作，于 1951 年 8 月 25 日去世。

题名： Guy Morrison Walker Papers

中文翻译： 盖伊·莫里森·沃克档案

网址： https://depauw. libraryhost. com/repositories/2/resources/686

案卷号： MSD-1890-003

作者： Guy Morrison Walker

时间范围： 1870—1945

数量： 4 个收纳盒，1 个超大平盒，1 册

使用权限： 供研究使用

语言： 英文

内容提要：

该系列包括 16 个独立的系列：传记材料、已作废的支票、古董/收藏品记录、沃克撰写的/关于沃克的文章、俱乐部和组织的文件、和沃克之间的往来信件、

迪堡大学材料、日记/著作、家谱、讲座/演讲、法律文件、**Phi Kappa Psi** 材料、照片、松散的剪贴簿、沃克收集的各种主题的文件、体积较大的材料。许多论文与中国有关，涉及义和团运动、山东局势、中国的贸易和运输等。

　　盖伊·莫里森·沃克（Guy Morrison Walker）于 1870 年 1 月 24 日在印第安纳州的韦恩堡（Fort Wayne）出生。父母是早期的卫理公会传教士，其童年大约有十年时间在北京度过。沃克于 1890 年获得迪堡大学的文学学士学位（A. B.），并于 1891 年获得法学学士学位（LL. B.）。在早期的职业生涯中，他对金融产生了浓厚的兴趣，发表了许多文章。此外，沃克也是中国问题的权威，在《莱斯利周刊》（*Leslie's Weekly*）中编辑了与中国有关的所有内容。他曾组织信托公司，在加利福尼亚州、印第安纳州、俄亥俄州、肯塔基州、密歇根州、纽约州和密西西比州等地重组了一些电力、轨道、光热能源等领域公司的资产。1891 年，沃克与米妮·L. 罗伊斯（Minnie L. Royse）结婚，米妮是 1890 年迪堡大学的毕业生。1945 年 8 月 4 日，沃克在密西西比州劳雷尔（Laurel）去世。

Dickinson College 迪金森学院

学院简介：

    迪金森学院是一所位于宾夕法尼亚州卡莱尔的私立文理学院。学院成立于 1773 年，最初名为卡莱尔文法学校。1783 年 9 月 9 日获得特许，成为美国建国后创办的第一所大学。迪金森学院由本杰明·拉什（Benjamin Rush）创立，以约翰·迪金森（John Dickinson）的名字命名。约翰·迪金森后来担任宾夕法尼亚州的州长，他与妻子玛丽·诺里斯·迪金森（Mary Norris Dickinson）一同将他们的私人藏书赠给了学院。学院有在校学生 2420 人（2022 年数据）。

题名： Julia Morgan Correspondence and Photographs

中文翻译： 茱莉亚·摩根信件和照片

网址： https://archives. dickinson. edu/collection-descriptions/julia-morgan-correspondence-and-photographs

数字化照片： https://archives. dickinson. edu/image-archive-collection/pc-20082-morgan

案卷号： MC 2008. 2

作者： Julia Morgan

时间范围： 1869—1934

数量： 1 个文件夹，42 个照片文件夹

使用权限： 公开

语言： 英文

内容提要：

    茱莉亚·摩根（Julia Morgan），1911 年毕业于迪金森学院，1924 至 1941 年在中国担任医疗传教士。这个收藏分为三个系列：信函、杂项和照片。主体由茱莉亚·摩根在中国的信函和她家庭成员的照片组成。信函的日期集中于 1930 至 1934 年，主要是茱莉亚在中国医疗服务期间写给她父亲詹姆斯·亨利·摩根的。其中包括一封来自三名中国儿童的感谢信，感谢茱莉亚在他们康复过程中的帮

助。这封信在茱莉亚 1948 年的卡莱尔葬礼上被朗读。杂项包括一份 1915 年的卫理公会通讯以及一幅无日期的画作。照片共有 45 张，多是朱莉亚或其与兄弟姐妹的照片，拍摄于工作室和卡莱尔周边。

Drew University 德鲁大学

学院简介：

  德鲁大学是一所位于新泽西州麦迪逊的私立大学，校园占地 186 英亩（约 75 公顷）。1867 年，金融家和铁路大亨丹尼尔·德鲁（Daniel Drew）购买麦迪逊的一处地产，建立神学院，以培养卫理公会的神职候选人，是为德鲁大学的前身。神学院后来于 1928 年扩展，提供本科文理课程，并于 1955 年开设研究生课程。有超过 2200 名学生在大学的三个学院攻读学位（2022 年数据）。

题名： Opium Pamphlet Collection（part of 19th Century Pamphlet Collection）

中文翻译： 鸦片小册子收藏（19 世纪小册子收藏的一部分）

数字化照片： https://digitalcollections. drew. edu/SpecialCollections/ 19thCenturyPamphlets/

案卷号： 19 CENT HV 5816

时间范围： 1860—1905

数量： 27 件

语言： 英文

Gettysburg College 盖茨堡学院

学院简介：

  盖茨堡学院是一所位于宾夕法尼亚州盖茨堡的私立文理学院。学院作为路德教会神学院的姊妹机构成立于 1832 年，最初名为宾夕法尼亚学院，由塞缪尔·西蒙·施穆克（Samuel Simon Schmucker）创立。学院约有在校学生 2400 人（2022 年数据）。

题名： Asian Art Collection

中文翻译： 亚洲艺术收藏

网址： https://www. gettysburg. edu/special-collections/collections/asian-art

数字化照片： https://gettysburg. contentdm. oclc. org/digital/collection/p4016coll6/search

时间范围： 商代到 20 世纪中叶

数量： 2000 件

内容提要：

  盖茨堡亚洲艺术收藏由大约 2000 件物品组成，包括日用品、服装、装饰品、祭祀用具等。时间跨度为商朝（约公元前 1600—公元前 1046 年）至 20 世纪中叶。

Grinnell College 格林内尔学院

学院简介：

格林内尔学院是一所位于美国爱荷华州格林内尔市的私立文理学院。学院成立于 1846 年，当时一群新英格兰的会衔教会教友创立了爱荷华学院（Iowa College）。后来爱荷华学院从达文波特（Davenport）迁至格林内尔市（Grinnell），改名格林内尔学院。学院有在校学生 1750 人（2022 年数据）。

题名： Grinnell in China

中文翻译： 格林内尔在中国

网址： https://atom. grinnell. edu/index. php/grinnell-in-china-3

https://divinity-adhoc. library. yale. edu/ChinaCollegesProject/colleges/grinnell. html

数字化照片： https://digital. grinnell. edu/islandora/object/grinnell%3Agrinnell-in-china?page=1

案卷号： US US-IaGG Pamphlet 55-Pamphlet 56

时间范围： 1924—1949

使用权限： 不详

语言： 英文

内容提要：

该系列包含照片、信件、剪贴簿和其他记录了"格林内尔在中国"的传教材料。1909 年，A. B. De Haan 在中国山东省担任传教士。他看到了格林内尔学院与中国合作的机会，并致信学院校长 J. H. T. Main，介绍了卡尔顿学院和耶鲁大学在中国启动的项目。1916 年，第一批由格林内尔赞助的传教士前往中国。格林内尔负责管理山东德州的波特–韦科夫（Porter-Wyckoff）学校，还与济南的山东基督教大学建立了联系，对其提供财政支持、输送教师。1931 年 J. H. T. Main 去世后，美国教会代格林内尔学院接管了波特–韦科夫学校，格林内尔学院不再与任何中国学校有正式联系。但许多格林内尔的校友仍在当地继续工作。1937 年，日本占领了山东，当美国于 1941 年向日本宣战时，在德州的美国人被囚禁在传教士居住区，直到达成了外交／文职交换协议。

Hamilton College 汉密尔顿学院

学院简介：

　　汉密尔顿学院是一所位于纽约州克林顿（Clinton）的私立文理学院。它最初为 1793 年设立的汉密尔顿-奥奈达学院（Hamilton-Oneida Academy），1812 年改名为汉密尔顿学院，以纪念最早的董事之一亚历山大·汉密尔顿（Alexander Hamilton）。1978 年学院与柯克兰学院（Kirkland College）合并，成为男女合校的学院。学院约有 2000 名本科学生（2022 年数据）。

题名： Gilbert Reid Papers

中文翻译： 李佳白档案

网址： http://contentdm6. hamilton. edu/digital/collection/arc-fia/id/38/rec/2

案卷号： yhm-arc-fin-rei-ac-0007

作者： Gilbert Reid

数量： 9 盒

使用权限： 公开

语言： 英文

内容提要：

　　该档案包含国际中国学院（International Institute of China or I. I. C.）的通信，李佳白的期刊、图书、手稿、布道和演讲稿，关于李佳白和其中国生活的剪报，I. I. C. 国际期刊二至十六卷，I. I. C. 受托人会议记录，I. I. C. 访客名录，关于李佳白审判的法律文件。李佳白之子李约翰（John G. Reid）的信件也包含在其中。

　　李佳白于 1857 年在纽约州劳雷尔出生，1875 年毕业于怀特斯顿神学院（Whitestown Seminary），后就读于汉密尔顿学院（1879 年获文学学士、1888 年获硕士、1899 年获哲学博士学位）与协和神学院（1882 年毕业）。李佳白于 1882 年在中国开始传教工作，于 1894 年在上海成立了国际中国学院，同时也是《北京邮报》的编辑。一战期间，李佳白被中国政府驱逐出境，1921 年又回到中国。

题名： Diary，Covering His Life as a Foreign Missionary in Foochow，China Until the Year 1873

中文翻译： 记录了1873年前在中国福州作为外国传教士生活的日记

数字化照片： http://contentdm6.hamilton.edu/digital/collection/archives/id/4734/rec/1

案卷号： yhm-arc-d69d5

作者： Justus Doolittle

时间范围： 1873

数量： 1件

使用权限： 公开

语言： 英文

内容提要：

  该收藏记录了卢公明（Justus Doolittle）1873年前在中国福州的传教士生活。卢公明于1824年在纽约州拉特兰出生，1880年在纽约州克林顿去世。1846年从汉密尔顿学院毕业后，进入奥本神学院。他向美国驻外使团委员会申请传教工作，并被派往中国福州，任职13年。

Haverford College 哈弗福德学院

学院简介：

  哈弗福德学院是一所位于宾夕法尼亚州哈弗福德（Haverford）的私立文理学院。学院于 1833 年由贵格会（Quakers）的成员创立，最初是一所男子学院。1849年开始招收非贵格会信仰的学生，1980 年开始招收女学生。它与布林莫尔学院（Bryn Mawr College）、斯沃斯莫尔学院（Swarthmore College）组成三学院联盟（Tri-College Consortium），同时也是贵格会联盟（Quaker Consortium）的成员。学院有 1430 名本科生（2022 年数据）。

题名： William W. Cadbury and Catharine J. Cadbury Collection

中文翻译： 威廉・W. 卡德伯里和凯瑟琳・J. 卡德伯里系列

网址： https://archives. tricolib. brynmawr. edu/resources/hcmc-1192

数字化照片： https://digitalcollections. tricolib. brynmawr. edu/collections/william-w-cadbury-and-catharine-j-cadbury-collection

案卷号： HC. MC-1192

作者： William Warder Cadbury, Catharine Jones Cadbury

时间范围： 1893—1967

数量： 86 盒

使用权限： 供研究使用

语言： 英文和中文

内容提要：

  该系列收集了贵格会成员威廉・沃德・卡德伯里（William Warder Cadbury）和凯瑟琳・琼斯・卡德伯里（Catharine Jones Cadbury）的日记、信件、文稿、照片和其他一些中文材料。威廉于 1909 年作为医疗传教士来到中国。1909 年游历中国，任广东基督教书院（后为岭南大学）教授。1914 年加入广州医院，成为专科医务人员。1930 年被任命为广州医院院长。1935 至 1937 年任中华医学会副主席。1938

至 1941 年任国际红十字会广州主席。1943 年，威廉和妻子凯瑟琳被日本人拘禁，在拘留营里待了八个月，直到获释并返回美国。战后威廉再次回到中国，重新在广州任职，直到 1949 年退休。

题名：Joseph H. Greene's Letters and Reports from Beijing，1984—1987

中文翻译：1984 至 1987 年间约瑟夫·H. 格林在北京的信件和报告

网址：https://archives. tricolib. brynmawr. edu/resources/hc840

案卷号：HC. MC-840

作者：Joseph H. Greene

时间范围：1984—1987

数量：2 盒

使用权限：供研究使用

语言：英文

内容提要：

约瑟夫·H. 格林(Joseph H. Greene)是 1978 年美国银行驻中国北京的副总裁兼代表。系列中的信件始于 1984 年 1 月，详细介绍了他经香港到达北京的细节、他的工作和同事、旅行、交游以及日常生活。系列中的报告是格林工作的月度报告，从 1983 年 12 月 31 日开始，一直持续到 1987 年 9 月，提供了关于中国的各类信息，包括广泛的经济和政治评论以及公司的内部信息。这些报告通常附有当地报纸(通常是《中国日报》)与银行业务有关的剪报。

题名：Frank A. Keller Collection

中文翻译：葛荫华收藏

网址：https://archives. tricolib. brynmawr. edu/resources/hcmc-1268

案卷号：HC. MC-1268

作者：Frank A. Keller

时间范围：1898—1940

数量：1 盒

使用权限：供研究使用

语言：英文

内容提要：

  该系列包括约 100 张拍摄于 20 世纪初的照片，很多与湖南圣经学院有关。

  葛荫华（Frank Arthur Keller）于 1862 年 5 月 26 日在纽约州普莱恩堡出生。从耶鲁大学和奥尔巴尼医学院毕业后，他加入了跨宗派的新教传教士协会中国内地会（China Inland Mission）。葛荫华于 1898 年 10 月抵达中国，1901 年定居长沙，1902 年与伊丽莎白·蒂利（Elizabeth Tilley）结婚。作为 1916 年成立的湖南圣经学院的创始人之一，葛荫华一生都致力于学院事务，于 1937 年退休，1940 年离开中国。1945 年 7 月 24 日葛荫华在加利福尼亚州洛杉矶去世。

Hope College 霍普学院

学院简介：

霍普学院是一所位于密歇根州荷兰(Holland)的私立基督教文理学院。学院最初于 1851 年由荷兰移民创办，第一批本科学生于 1862 年入学，1866 年获得州立特许。霍普学院隶属美国改革宗教会(Reformed Church in America)，保持着基督教的氛围。学院约有在校本科生 3130 人(2022 年数据)。

题名： China Mission Papers，1888—1979

中文翻译： 1888—1979 中国使团档案

网址： https://arcspace.hope.edu/repositories/2/resources/374

案卷号： W88-0315

时间范围： 1888—1979

使用权限： 不详

语言： 英文

内容提要：

该档案是来自中国宣教会的多名成员的合集。时间跨度为 1888 至 1979 年，包括日记、散文、论文、照片等。合集揭示了中国宣教会的历史和许多相关人员。其中一些参与者包括：Elizabeth G. Bruce、Elizabeth Cappon、Alice Duryee、Jean Nienhuis、Helen Oltman、J. Platz、Rose H. Talman、John Van Nest Talmage、William 和 Alma Vander Meer、Florence Walvoord 和 A. L. Warnshuis。

题名： Broekema Ruth Papers，1899—1978.

中文翻译： 露丝·布鲁克玛(1899—1977)档案

网址： https://arcspace.hope.edu/repositories/2/resources/60

案卷号： W88-1207.10

作者： Ruth Broekema

时间范围： 1899—1977

使用权限： 不详

语言： 英文

内容提要：

　　该收藏是关于露丝·布鲁克玛（Ruth Broekema）的各种材料，包括剪报、书籍、相册、工艺品、生活用品等。

　　露丝·布鲁克玛于 1899 年 3 月 6 日出生在伊利诺伊州芝加哥。1923 年毕业于霍普学院，被任命为传教士。1924 年抵达中国厦门，参与宣教团工作，是同安地区教会和学校工作者中唯一的女性。1954 年前往台湾，在彰化医院从事传教工作。布鲁克玛致力于建立更好的妇女事工，并组织了 1960 年的世界祈祷日会议。布鲁克玛于 1977 年 8 月去世，被安葬在伊利诺伊州布鲁岛的贝弗利公墓。

Kenyon College **凯尼恩学院**

学院简介：

  凯尼恩学院是一所位于俄亥俄州甘比尔（Gambier）的私立文理学院。学院由圣公会主教菲兰德·查斯（Philander Chase）于 1824 年创立，是俄亥俄州最古老的私立高等教育机构。学院有 1877 名本科生（2022 年数据）。

题名：Zhou Yan Contemporary Chinese Art Archive

中文翻译：周彦当代中国艺术档案

数字化照片：https://digital. kenyon. edu/zhou/

Zhou Documents：https://digital. kenyon. edu/zhoudocs/

作者：Zhou Yan

时间范围：1990s

使用权限：公开

语言：英文，中文

内容提要：

  这些资料由凯尼恩学院视觉资源策展人和兼职助理教授周彦博士的中国当代艺术收藏构成，包括照片、幻灯片、视频、音频和文本等，来自朱莉娅·布朗和周彦在中国访问的艺术家。资料记录了 20 世纪 90 年代的当代艺术，反映了全球化和城市化影响下的中国艺术创作。

Lafayette College 拉斐特学院

学院简介：

　　拉斐特学院是一所位于宾夕法尼亚州伊斯顿（Easton）的私立文理学院。学院由詹姆斯·麦迪逊·波特（James Madison Porter）和伊斯顿的市民于 1826 年创立。学院有在校本科生 2729 人（2022 年数据）。

题名： The East Asia Image Collection

中文翻译： 东亚图像收藏

数字化照片： https://ldr.lafayette.edu/collections/east-asia-image-collection

时间范围： 1900—1952

数量： 7152

使用权限： 公开

语言： 英文

内容提要：

　　该系列是一份开放获取的数字化照片、底片、明信片、稀有书籍和幻灯片的档案集，由拉斐特学院历史系教授保罗·D. 巴克利（Paul D. Barclay）担任总编，与数字学术服务、特藏与大学档案部门的工作人员合作创建，收录了东亚历史的图像。收藏围绕吉拉德和雷拉·沃纳家族捐赠给斯基尔曼图书馆特藏部的核心视觉材料构建。独有图像包括沃纳家族未公开发表的幻灯片和底片，这些照片是他们在亚洲担任美国国务院职务期间（1932—1952）拍摄的。东亚图像收藏中的每个记录都有主题标题、超链接、元数据以及详尽的历史学、文献学和技术数据。

Middlebury College 明德学院

学院简介：

　　明德学院(Middlebury College)是一所位于佛蒙特州米德尔伯里(Middlebury)的私立文理学院。它由清教徒于 1800 年创立，是佛蒙特州第一所正式运营的大学。1883 年学院开始招收女学生，成为新英格兰地区最早实行男女共校的文理学院之一。学院有 2773 名本科学生(2022 年数据)。

题名： Martin Missionary Collection

中文翻译： 马丁传教士收藏

网址： https://archivesspace. middlebury. edu/resources/martin_missionary_collection

案卷号： C-127

作者： Martin Family

时间范围： 1859—1865

数量： 13 个盒子(5 个普通文件盒、1 个超大文件盒、2 个 Bully 盒子、1 个磁带大小的盒子、1 个 VHS 大小的盒子和 3 个扁平的超大盒子)

使用权限： 不详

语言： 英文

内容提要：

　　该系列包括一个年轻卫理公会传教士家庭 1859 至 1865 年在中国福州的文字记录、照片、个人手工艺品。共有三本日记：两本由卡洛斯·罗斯科·马丁(Carlos Roscoe Martin)牧师于 1859 至 1864 年撰写，一本由他的妻子玛丽·伊丽莎白·[艾伦]马丁(Mary Elizabeth [Allen] Martin)于 1864 至 1865 年撰写。卡洛斯的日记开始于他和玛丽离开纽约港，记录了他们前往福州的五个月旅程。从 1860 年 4 月开始，日记中频繁记录日常生活，包括健康状况、中文课、阅读、布道、访问和短途旅行等。玛丽的日记从 1864 年 1 月 1 日开始，包括日常活动、育儿经历、健康状况以及中国朋友的消息。她的最后一篇日记写于 1865 年 5 月 28

日，是在和儿子埃迪抵达加利福尼亚州旧金山一周之后。

卡洛斯·罗斯科·马丁于 1835 年 6 月 29 日出生在佛蒙特州杰里科(Jericho)。1859 年毕业于康科德圣经学院(Concord Biblical Institute)，同年夏天被卫理公会任命为执事并被派为传教士。1859 年 8 月，卡洛斯与来自佛蒙特州米尔顿(Milton)的玛丽·伊丽莎白·艾伦结婚。两个月后，这对夫妇乘坐"尤里卡"号从纽约出发前往中国福州。从 1860 年 4 月抵达福州直到 1864 年 9 月去世，马丁一直担任传教士。马丁一家有两个孩子：爱德华·霍默·马丁和卢修斯·艾伦·马丁。卢修斯·艾伦在父亲卡洛斯去世前一天过世(1864 年 9 月)。在经历这些不幸后，玛丽决定携带幸存的儿子埃迪回到美国。他们于 1865 年 3 月 13 日乘坐"维斯卡塔"号离开香港，于 1865 年 5 月 21 日抵达旧金山。

题名：China（and Hong Kong），1934 April 16-May 25

中文翻译：中国(特别是香港)，1934 年 4 月 16 日至 5 月 25 日

网址：https://archivesspace.middlebury.edu/archival_objects/china_and_hong_kong

案卷号：C-94.I.2

作者：Harry Fife，Ella Sanford Fife

时间范围：1934 年 4 月 16 日至 5 月 25 日

数量：1 个文件夹

使用权限：公开

语言：英文

内容提要：

该系列包含 100 多张哈利(Harry)、艾拉(Ella)在旅行中拍摄的黑白照片。许多照片包含手写的说明，多描绘穷人和工人阶级的内容。

Mount Holyoke College 曼荷莲学院

学院简介：

　　曼荷莲学院是一所位于马萨诸塞州南哈德利的私立文理学院，专为女性设立。学院成立于 1837 年，由女性教育先驱玛丽·里昂（Mary Lyon）创立。学院是"七姐妹学院"之一，也是位于马萨诸塞州西部的"五校联盟"（Five College Consortium）成员。学院有 2193 名学生（2022 年数据）。

题名： Alice Seymour Browne Frame Papers

中文翻译： 爱丽丝·西摩·布朗·弗雷姆档案

网址： https://aspace.fivecolleges.edu/repositories/2/resources/33

案卷号： MS 0539

作者： Alice Seymour Browne Frame

时间范围： 1896—1942

数量： 1 盒

使用权限： 公开

语言： 英文

内容提要：

　　该系列包含与爱丽丝·西摩·布朗·弗雷姆（Alice Seymour Browne Frame）有关的通信、文章、传记信息和照片。文章的时间跨度为 1905 至 1914 年，讨论了爱丽丝作为传教士的经历，重点是她在北京大学妇女联合学院期间与当地人的交流和互动。信件描述了爱丽丝的传教活动、家庭事务和中国的风土人情。大多数信件是发送给妇女宣教委员会的打印版。传记信息包括地图、曼荷莲学院的运营状况以及社区评价。档案中的照片主要展现了爱丽丝在中国和曼荷莲学院的生活。

　　爱丽丝·西摩·布朗·弗雷姆于 1878 年 10 月 29 日出生在土耳其的哈普鲁特。1900 年毕业于曼荷莲学院，1903 年毕业于哈特福德神学院（Hartford

Theological Seminary）。1905 年前往中国通州担任传教士，1912 年被调到北京工作。1913 年，爱丽丝在日本京都与 Murray Scott Frame 结婚。后在北京大学的女子学院工作多年，并于 1922 年成为该学院的院长。1928 年，在休假回美国期间成为曼荷莲学院的住宿生院长。1941 年 8 月 16 日，爱丽丝在马萨诸塞州牛顿（Newton）去世。

题名： Downer Papers

中文翻译： 唐纳档案

网址： https://aspace.fivecolleges.edu/repositories/2/resources/24

案卷号： MS 0528

作者： Sara Boddie Downer

时间范围： 1918—1988

数量： 1 个完整的盒子

使用权限： 公开

语言： 英文

内容提要：

萨拉·博迪·唐纳（Sara Boddie Downer）档案包括来往信函、文稿、剪贴簿、生平资料和照片。特别重要的是唐纳在 1918 至 1986 年间写的信件。其中许多文件是唐纳为美国妇女浸信会外国传教协会写的信件的副本，这些信寄给了她曼荷莲学院的同学 Ruth Sonn Fritts，以及两位曼荷莲学院的教员 Mildred Allen 和 Margaret Ball。档案还包括寄给 Fritts 和 Ball 的一些个人信件，主要描述了她 1920 至 1951 年在中国的生活和工作。1955 至 1962 年的信件则描述了她在香港中文大学宗济学院的工作以及退休后的生活。与曼荷莲学院校长 Mary E. Woolley 往来的信件时间跨度为 1919 至 1946 年，讨论了学院事务、Woolley 前往中国和日本的旅行以及世界时事。收藏还包括 1918 至 1955 年间与 Woolley 相关的剪报、笔记和致敬文字。此外还有唐纳于 1930 年写的两本中文实验室手册、于 1938 年写的西南联合大学的宣传手册以及 1930 至 1955 年在中国生活的照片。

萨拉·博迪·唐纳于 1896 年 2 月 22 日出生在科罗拉多州杜兰戈（Durango）。1914 年进入曼荷莲学院，主修物理，辅修经济学和社会学，1918 年获学士学位。

1918 至 1919 年在密苏里州堪萨斯城的 Faxon and Gallagher Drug Company 担任样品员。1919 至 1920 年在曼荷莲学院担任物理系助教。1920 年前往中国，成为美国妇女浸信会外国传教协会的传教士。1924 年开始，在西南联合大学妇女学院担任物理助理教授，教授天文学、物理学、英语和音乐等课程。在 1927 年 5 月至 12 月的休假期间，就读于加利福尼亚大学，并于 1928 年获物理学硕士学位。1932 年，晋升为西南联合大学的副教授。1951 年返回美国，任教于亚特兰大的斯佩尔曼学院。1955 年前往香港，担任香港中文大学宗济学院物理系主任。1962 年，退休回到美国。1987 年 12 月 4 日，唐纳在加利福尼亚州奥克兰去世。

题名： Viette Brown Sprague Papers

中文翻译： 维埃特·布朗·斯普拉格档案

网址： https://aspace.fivecolleges.edu/repositories/2/resources/114

案卷号： MS 0709

作者： Viette Brown Sprague

时间范围： 1871—1923（大部分材料集中于 1893 至 1923 年）

数量： 1 盒

使用权限： 公开

语言： 英文

内容提要：

维埃特·布朗·斯普拉格（Viette Brown Sprague）档案包含信件（原始手稿或副本）、著作、传记信息和照片。这些资料大部分反映了斯普拉格 1900 至 1919 年间在张家口的传教工作。

维埃特·布朗·斯普拉格于 1846 年 2 月 12 日出生在美国纽约州韦恩县的纽瓦克（Newark）。1871 年毕业于曼荷莲学院后，在纽约州的 Red Creek、宾夕法尼亚州的 Muncie 以及俄亥俄州的 Emory 教书。1893 年前往中国，在天津与传教士威廉·P. 斯普拉格（William P. Sprague）结婚。随后，斯普拉格夫妇前往张家口从事传教工作。1900 年的义和团运动迫使他们离开中国。1902 年斯普拉格夫妇回到张家口，直至 1910 年。威廉·斯普拉格于 1919 年去世，维埃特在纽约州的肖特斯维尔度过了余生，于 1923 年 11 月 2 日去世。

题名：Laura D. Ward Papers

中文翻译：劳拉·D. 沃德档案

网址：https://aspace.fivecolleges.edu/repositories/2/resources/204

案卷号：MS 0729

作者：Laura D. Ward

时间范围：1905—1972

数量：3 盒

使用权限：公开

语言：英文

内容提要：

　　劳拉·D. 沃德（Laura D. Ward）档案包括日记、信件、笔记、新闻稿、遗嘱和照片。其中有 1914 至 1949 年沃德在中国福州传教时的日记。这些日记几乎每天都有简短的记录，内容包括她的旅行、家庭成员活动、在中国的公理会任务、妇女教育、生活习俗以及当时的政治事件。1905 至 1909 年的日记记录了她在曼荷莲学院就读期间的日常活动。笔记中有沃德 1927 年被海盗俘虏的记录、工作和辞职的摘要等。信件包括 1965 至 1972 年间劳拉和她的兄弟威廉·厄尔道奇·沃德之间涉及家庭事务的通信。

　　劳拉·D. 沃德于 1887 年 4 月 12 日出生在马萨诸塞州牛顿中心（Newton Center）。1904 至 1908 年在曼荷莲学院学习，获数学专业学士学位。曾在马萨诸塞州斯普林菲尔德（1908—1910）和梅德福德（1910—1914）教书。1914 至 1950 年在中国福州担任传教士教师，教授英语和音乐，并担任女子学校的校长，协调教会内的妇女工作，专注于培训中国妇女。1951 年退休回到美国，曾短暂担任波士顿奥尔斯顿-布赖顿地区的传教士。著有《这儿和那儿的故事：珍贵珍珠如何成为一名教师》(*Here and There Stories: How Precious Pearl Became a Teacher*)（波士顿，1922 年）。沃德于 1972 年 4 月 23 日在马萨诸塞州阿克顿（Acton）去世。

题名：Harriet C. Meyer Papers

中文翻译：哈丽雅特·C. 迈耶档案

网址：https：//aspace.fivecolleges.edu/repositories/2/resources/56

案卷号：MS 0573

作者：Harriet C. Meyer

时间范围：1925—1983

数量：9 盒

使用权限：公开

语言：英文

内容提要：

哈丽雅特·科格斯韦尔·迈耶（Harriet Cogswell Meyer）档案包括通信、著作、传记信息和照片。主要涉及迈耶在中国的生活。在中国期间，她与姐姐 Kay 以及其他几位朋友和家人保持着通信，其中提到了曼荷莲学院院长弗洛伦斯·普林顿（Florence Purington）和教务长卡罗琳·格林（Caroline Greene）访问金陵学院的经过。她还特别关注 20 世纪 20 年代中国的政治局势。该档案还收录了迈耶 1925 至1983 年的许多著作，以及她在金陵学院演讲的笔记。传记信息主要反映迈耶的职业生涯，包括传记、剪报、证书、个人通讯录和讣告。该系列的很大一部分是照片，记录了迈耶 1918 至 1983 年的生活。曼荷莲学院时期的照片描绘了大学传统、戏剧作品和学生生活。大多数照片是 20 世纪 30 至 40 年代在中国拍摄的，展现了市民的日常生活以及迈耶一家在北平的时光。

哈丽雅特·科格斯韦尔·迈耶于 1900 年 5 月 29 日出生在康涅狄格州的埃林顿（Ellington）。1922 年毕业于曼荷莲学院。在前往中国之前，曾在两所高中担任教师，还在曼荷莲学院的 YWCA 担任秘书工作。1926 年开始在南京的金陵学院（Ginling College）教授英语。1931 年，与外交秘书保罗·沃尔特·迈耶（Paul Walter Meyer）结婚。1941 年迈耶一家返回美国，在 1946 年作为美国领事服务的成员再次来到中国。服务结束后回到美国，哈丽雅特在托兰德学区系统（Tolland School System）教书，于 1983 年 6 月 2 日在康涅狄格州托兰德（Tolland）去世。

题名：Adaline D. H. Kelsey Papers

中文翻译：阿达琳·D. H. 凯尔西档案

网址： https://aspace.fivecolleges.edu/repositories/2/resources/326

案卷号： MS 0850

作者： Adaline D. H. Kelsey

时间范围： 1878—1905

数量： 一个半盒子

使用权限： 公开

语言： 英文

内容提要：

阿达琳·D. H. 凯尔西（Adaline D. H. Kelsey）档案时间跨度为 1878 至 1905 年，其中包括通信、著作、传记信息和照片。通信包含四封信件，描述了她在中国的行医经历和漫长旅程。文稿中有一本自传、一份关于锡茶壶的简短口述以及一篇发表于 1905 年日本日光市的题为《医院经历》的文章。照片包括凯尔西在曼荷莲学院的毕业照。

阿达琳·D. H. 凯尔西于 1844 年 2 月 2 日出生在纽约州西卡姆登（West Camden）。1868 年毕业于曼荷莲学院，1875 年于纽约妇女医学院（Women's Medical College of New York Infirmary）获得医学学位，后回到南哈德利，成为曼荷莲医院的药剂师。1876 年，成为曼荷莲学院的常驻医生和生理学教师，直至 1878 年。

1878 年 10 月起，凯尔西先后在中国通州和日本横滨从事医学工作，同时传播基督教。凯尔西于 1931 年在佛罗里达州圣克劳德（St. Cloud）去世。

题名： Lucy Lyon Lord Papers

中文翻译： 露西·里昂·洛德档案

网址： https://aspace.fivecolleges.edu/repositories/2/resources/50

案卷号： MS 0566

作者： Lucy Lyon Lord

时间范围： 1835—1854

数量： 1 盒

使用权限： 公开

语言： 英文

内容提要：

露西·里昂·洛德（Lucy Lyon Lord）档案主要由露西和她的丈夫爱德华·克莱门斯·洛德（Edward Clemens Lord）的通信组成。有几封信是露西写给她的哥哥亚伦·E. 里昂（Aaron E. Lyon）并讨论宗教问题的，更多信件是写给她的姑姑玛丽·E. 里昂（Mary E. Lyon）的，内容涉及洛德的中国之行。这个合集还包括1854年出版的题为"露西·T. 洛德夫人的回忆录"（*The Memoirs of Mrs. Lucy T. Lord*）的传记、其他传记信息以及一幅可能是洛德1840至1846年间的画像。

露西·里昂·洛德于1817年2月15日出生在马萨诸塞州巴克兰德（Buckland）。曾就读于马萨诸塞州谢尔本的富兰克林学院（Franklin Academy）。1840年毕业于曼荷莲学院，后回学院担任教师。1846年，露西与爱德华·克莱门斯·洛德牧师结婚，随即前往中国宁波。洛德夫妇在中国传教七年，于1853年返回美国。露西于1853年5月5日在纽约州弗雷多尼亚（Fredonia）去世。

题名： Hartwell Papers

中文翻译： 哈特韦尔档案

网址： https://aspace.fivecolleges.edu/repositories/2/resources/134

案卷号： MS 0761

作者： Hannah Louisa Plimpton Peet Hartwell

时间范围： 1847—1909（大多数资料集中在1850至1871年间）

数量： 2盒

使用权限： 公开

语言： 英文

内容提要：

汉娜·路易莎·普林普顿·皮特·哈特韦尔（Hannah Louisa Plimpton Peet Hartwell）档案包括日记、笔记、通信、生平资料和一张照片。该收藏记录了汉娜在曼荷莲学院的学生岁月（1845—1848）、在康涅狄格州西黑文的橡树山学院（Oak Hill Seminary）担任教师的工作（1849—1852）、在伊利诺伊州杜奎恩的杜奎恩女子学院（Duquoin Female Seminary）的工作（1852—1856）以及在中国作为一名教师、妻子和母亲的生活(1857—1908)。其中包括两本日记，一本记录了她 1858 年 10 月至 1859 年 2 月前往中国的旅程以及 1859 年 3 月至 1871 年 10 月在福州的日常生活。另一本是由她的第一个丈夫莱曼·皮特(Lyman Peet)记录的，列有他们在中国的开支。普林普顿家庭信函的时间跨度为 1849 至 1871 年，其中描述了在马萨诸塞州斯特博里奇、康涅狄格州西黑文和佛蒙特州威尔斯河的日常生活，以及有关家庭关系的其他信息。两个通信系列包括由温尼弗德·皮克特·科贝特(Winifred Pickett Corbett)制作的多封信的打字本。生平资料部分包括普林普顿家族家谱的副本、纪念出版物、有关福州和福州传教事业书籍的复印件以及《传教士先锋报》(1859—1871)中有关福州传教事业的新闻、讣告等。

汉娜·路易莎·普林普顿于 1823 年 6 月 30 日出生在马萨诸塞州的斯特博里奇。1848 年毕业于曼荷莲学院。1848 至 1856 年任康涅狄格州西黑文的威斯特黑文女子学院(West Haven Ladies Seminary)的副校长。1857 年，汉娜前往东部为学校筹款，遇到了莱曼·皮特牧师。二人于 1858 年 6 月结婚，于 1859 年 3 月抵达中国，在福州开展传教工作，后于 1871 年返回美国。莱曼·皮特于 1878 年 1 月 11 日在康涅狄格州的西黑文去世。汉娜于 1884 年与女儿和女婿一起回到福州，并于 1885 年与查尔斯·哈特韦尔牧师结婚，并于同年在中国创办了一所女子学校，同时在福州学院教授英语。查尔斯·哈特韦尔牧师于 1905 年在福州去世。汉娜于 1908 年 12 月 7 日在福州去世。她的许多亲戚都曾就读于曼荷莲学院，包括凯瑟琳·普林普顿、埃伦·路易莎·皮特、艾米莉·S. 哈特威尔、简·S. 皮特、弗朗西斯·R. 皮特、克里斯汀·哈伯德、克里斯汀·温尼弗德·皮克特、帕特里夏·路易莎·皮克特和芭芭拉·伊丽莎白·皮克特。

Oberlin College 欧柏林学院

学院简介：

    欧柏林学院是一所位于俄亥俄州欧柏林市的私立文理学院和音乐学院。学院成立于 1833 年，是美国历史最悠久的男女合校的文理学院，也是美国历史最悠久并持续办学的音乐学院。1835 年，欧柏林成为美国最早录取非裔美国人的学院之一。1837 年，成为第一个招收女性的学院(除了富兰克林学院在 19 世纪 80 年代的短暂尝试)。自创校以来，欧柏林一直以其进步的学生活动而闻名。学院有在校学生 2986 人(2022 年数据)。

题名：Shansi：Oberlin and Asia Digital Collection

中文翻译：山西：欧柏林和亚洲数字收藏

网址：http：//oberlinarchives. libraryhost. com/index. php?p=digitallibrary/digitalcontent&id=5&q=China

数字化照片：http：//www. oberlin. edu/library/digital/shansi/index. html

作者：欧柏林学院档案馆和图书馆

时间范围：1880s—1950s

使用权限：公开

语言：英文和中文

内容提要：

    此收藏记录了从 19 世纪 80 年代至 20 世纪 50 年代欧伯林人在亚洲的活动，包含欧伯林山西纪念协会的记录和个人文件藏品，它们是学院档案馆中与传教士和山西代表在中国工作相关的材料的一小部分。

题名：Oberlin Shansi Memorial Association Records

中文翻译：欧柏林山西纪念协会记录

网址：http：//oberlinarchives. libraryhost. com/index. php?p=collections/controlcard&

id＝5&q＝China

案卷号：RG 15

作者：欧柏林山西纪念协会

时间范围：1868 年至今

使用权限：在 Subgroups Ⅱ，Ⅳ，Ⅶ and Ⅷ中的一些材料受到限制，如清单所注。

语言：英文，中文，日文

内容提要：

　　欧柏林山西纪念协会档案记录了 1868 年至今欧柏林人在亚洲的活动。早期的记录讨论了"欧柏林中华布道团"（或称"欧柏林帮"，Oberlin Band）的传教活动，如福音传播、教学、医疗工作以及山西鸦片避难所的运营。大部分的记录内容是关于欧柏林山西纪念协会的，包括其 1908 至 1981 年的行政和财务记录。大量的信件和报告展现了当时中国人和在中国工作的美国人的生活，是关于当时政治、社会状况的第一手观察资料。信函收发人包括孔祥熙、武寿铭（Mark Wu）、莉迪亚·洛德·德富士（Lydia Lord Davis）、温·C. 费尔菲尔德（Wynn C. Fairfield）和赫伯特·万慕得（Herbert Van Meter）等。照片、底片、幻灯片和录像带组成了档案中的视觉资料。从 1950 年至今的记录记载了山西协会向世俗化转型的过程，即强调学者和学生的双向交流活动。行政通信记录展示了文化交流在高等教育和国际关系中的重要角色。美国、亚洲的学生与学者之间的大量通信则生动描绘了文化交流给个人留下的深刻印记。

题名：Paul Leaton Corbin Papers

中文翻译：康保罗档案

网址：http://oberlinarchives. libraryhost. com/index. php?p＝collections/controlcard& id＝52&q＝China

案卷号：RG 30/049

作者：Paul Leaton Corbin

时间范围：1886—1937

使用权限：公开

语言：英文，中文

内容提要：

　　康保罗（Paul Leaton Corbin）档案是他中国研究资料中的一小部分，这些资料是他在山西 29 年的传教士生涯中收集的。其中主要是印刷材料，记录了美国委员会 1900 至 1936 年在中国北方的教育和福音活动。这些文件还提供了几个总部位于上海的外国传教组织活动的记录。

　　保罗·利顿·科宾，又称康保罗，于 1875 年 9 月 28 日出生在伊利诺伊州卡林维尔（Carlinville）。1895 至 1896 年，就读于欧柏林学院的预科学院。1898 年从卡林维尔的布莱克本学院（Blackburn College）毕业，获文学学士（A.B.）学位。1921 年在布莱克本学院获神学博士（D.D.）学位。在芝加哥神学院（Chicago Theological Seminary）度过了一个学期后，于 1899 年 10 月成为清教会牧师。1900年进入欧柏林神学院，1903 年获神学学士（B.D.）学位，1921 年获荣誉神学博士学位。1903 至 1904 年间，曾担任"外国传教士学生志愿运动"（Student Volunteer Movement for Foreign Missions）的巡回秘书。1904 年 8 月，应欧柏林学院院长亨利·丘吉尔·金（Henry Churchill King）的要求，康保罗和米里亚姆·科宾作为欧柏林学院代表，前往美部会汾州会所属的山西传教团，在太谷和汾州的传教站工作。康保罗着力将分散的基督教社区转化为自力更生的教会，并发表了大量关于工作的文章。在欧柏林，他每周刊登在《新闻论坛》（*The News-Tribune*）上的专栏文章《微谈》广受欢迎。1907 年，康保罗开始与孔祥熙合作，成为他的顾问。工作以外，康保罗还在山西地区的各种教育委员会任职，并积极投身救灾和医疗事业。康保罗于 1936 年 1 月 9 日在太谷去世。根据遗嘱，康保罗有关中国的英文藏书被捐赠给欧柏林学院，使其成为美国当时最优秀的汉学图书馆之一。

题名： Alice Moon and George L. Williams Papers

中文翻译： 爱丽丝·穆恩和卫禄义（乔治·L. 威廉姆斯）档案

网址： http://oberlinarchives.libraryhost.com/index.php?p=collections/controlcard&id=62&q=China

案卷号： RG 30/058

作者： Alice Moon，George L. Williams

时间范围： 1883—1959

使用权限：公开

语言：英文，中文

内容提要：

　　传教士爱丽丝·穆恩·威廉姆斯（Alice Moon Williams）和其丈夫卫禄义（George Luis Williams）的档案详细记录了1900年义和团运动之前这对夫妇在山西的生活。爱丽丝和她的女儿格拉迪丝收集的材料提供了1883至1950年山西布道会工作的历史概览。档案分为七个系列：系列一，卫禄义和爱丽丝之间的早期通信；系列二，卫禄义和爱丽丝寄出的个人通信；系列三，卫禄义和爱丽丝收到的个人通信；系列四，山西传教士通信杂集；系列五，爱丽丝的日记；系列六，山西代表团的照片；系列七，历史文件杂集。

　　爱丽丝·穆恩·威廉姆斯于1860年5月22日出生在俄亥俄州的里德斯伯格（Reedsburg）。在1884年进入欧柏林学院之前，一直在阿什兰的公立学校担任教师。在欧柏林期间，爱丽丝参加了为期四年的文学课程，于1885年完成第一年的学习。在中断学习5年之后，她又恢复了大学生活，并在欧柏林神学院开始了为期一年的学习。1891年5月，爱丽丝与卫禄义成婚。卫禄义于1858年10月4日出生在康涅狄格州的索星顿（Southington）。曾就读于索星顿的路易斯学院，并于1882年进入欧柏林学院学习，并于1888、1891、1896年获文学学士、神学学士、艺术硕士学位。在神学院的第二年即1890年7至12月，卫禄义在南达科他州的杰洛而德县（Jerauld County）担任后勤传教士一职。1891年5月21日，结婚前五天，在欧柏林被任命为公理会牧师。在美部会的委任下，卫禄义和爱丽丝于1891年7月向中国出发。在天津强化中文训练一年后，他们来到山西省太谷县。美部会早在1883年就在那里设了分站。在太谷，卫禄义夫妇加入了欧柏林布道团。在太谷生活的七年间，卫禄义在戒烟所为吸食鸦片的难民提供医疗帮助，爱丽丝和莉迪亚·洛德·德富士一同教授中国女性阅读，并和众多华人基督徒建立了紧密的联系。1899年，爱丽丝带女儿返回美国休假，卫禄义则在1900年7月31日被义和团成员杀害。1908年，爱丽丝和莉迪亚·德富士共同创立了欧柏林山西纪念协会（OSMA），并在协会董事会任职20年。1909年，爱丽丝重返中国，在太谷创办了爱丽丝·威廉姆斯学校，这是一所专门为已婚妇女及儿童开办的学校。1912年，爱丽丝回到欧柏林，担任学生宿舍的总管，管理劳德利（Lauderleigh）、麦特卡夫（Metcalf）和伯罗斯（Burroughs）楼。她在家里热情接待中国留学生，其中之一为孔祥熙（1906 年获欧柏林学士学位）。1935 年，爱丽丝受中国朋友邀请回访中国。1937 年日本的入侵使她不得不搭上最后一班列车匆匆离开中国北方。回到欧柏林后，她继续协助中国学生会开展工作，代表中国传教会讲学，并支持第二公理会的传教工作。爱丽丝于 1952 年 1 月 13 日在欧柏林去世。

题名： Francis W. Davis and Lydia Lord Davis Papers

中文翻译： 德富士牧师夫妇（弗朗西斯·W. 德富士和莉迪亚·洛德·德富士）档案

网址： http://oberlinarchives. libraryhost. com/index. php?p＝collections/controlcard&id＝82&q＝China

案卷号： RG 30/080

作者： Francis W. Davis, Lydia Lord Davis

时间范围： 1877—1944

使用权限： 公开

语言： 英文，中文

内容提要：

弗朗西斯·沃德·德富士（Francis Ward Davis）和他的妻子莉迪亚·克拉拉·洛德·德富士（Lydia Clara Lord Davis）1900 年之前的档案记录了义和团运动前的传教士生活。1900 年之后的档案主要是关于莉迪亚的生平以及她在中国和日本为宣教和妇女教育所做的工作。此档案被分成十一个系列：系列一，洛德家庭信件；系列二，莉迪亚和弗朗西斯之间的情书；系列三，莉迪亚和弗朗西斯寄出的信件；系列四，莉迪亚和弗朗西斯收到的信件；系列五，莉迪亚的公务信；系列六，莉迪亚的日记；系列七，莉迪亚的文稿；系列八，其他有关山西传教者的印刷材料；系列九，有关山西传教的相片；系列十，莉迪亚的相册；系列十一，约翰·洛德·德富士赠予的文件。

莉迪亚·洛德·德富士于 1867 年 8 月 31 日出生在俄亥俄州的雷文那（Ravenna）。1885 年从雷文那高中毕业后，就读位于俄亥俄艾达（Ada）的师范学校（现称俄亥俄北方大学）并获得教学资格。1886 至 1889 年执教于小学，在此期间认识了弗朗西斯·沃德·德富士（Francis Ward Davis）。弗朗西斯出生于 1857 年 9 月 8 日，1885 年进入欧柏林神学院学习，开始投身外国传教事业。1887 年被美部会派到山西汾州的分会。1889 年获学士学位，被任命为公理会牧师。弗朗西斯在俄亥俄雷文那当客座牧师的时候遇到了莉迪亚·洛德。1889 年 7 月，莉迪亚也获准被派往山西省。两人在 1889 年 8 月 14 日结婚之后，在旧金山踏上了远航中国的行程，于同年 11 月末抵达汾州。欧柏林帮以教育形式为主的传教方式是其独到之处。传教士们坚信只有在识字的人群中才能传播福音，所以致力于教人阅读。莉迪亚的妇女教育工作打破了中国传统的"女孩读书无用"论。在美部会的支持下，她于 1893 年在汾州成立了山西第一个女子学校。义和团运动后，这所学校在 1904 年得以重建，更名为"莉迪亚·洛德·德富士女子学校"。在山西生活期间，莉迪亚和弗朗西斯研究中国语言，学会了用中文做祷告和阅读圣经。弗朗西斯曾担任美部会的财务主管，于 1900 年被义和团杀害。之后，莉迪亚·洛德·德富士开始投身于山西传教的重建工作。1908 年，在她的帮助下，校长亨利·丘吉尔·金领导成立了欧柏林山西纪念协会。1912 年，她组织成立了欧柏林高中女子平安俱乐部，为汾州教会学校和医院以及协会在太谷的学校筹款。1929 年，莉迪亚成为山西纪念协会的执行秘书，直至 1941 年退休。除了为山西协会四处奔走，莉迪亚还是美国公理教中西部分会的著名演说家和筹款人。退休后，莉迪亚·德富士完成了名为"写给孙辈们的信"的自传（未出版），里面包含了她的家族史和童年回忆、弗朗西斯的青年时期和信仰变化的过程、他们一同在中国的生活以及莉迪亚之后的传教生涯。莉迪亚于 1952 年 11 月 30 日在欧柏林去世。

题名： Ellsworth C. Carlson Papers

中文翻译： 埃尔斯沃思·C. 卡尔森档案

网址： http://oberlinarchives.libraryhost.com/index.php?p=collections/controlcard&id=6&q=China

案卷号： RG 30/176

作者： Ellsworth C. Carlson

时间范围： 1935—2012

使用权限： 除了一篇学生论文，其余公开

语言：英文，中文

内容提要：

埃尔斯沃思·C. 卡尔森（Ellsworth C. Carlson）档案记录了他在欧柏林学院的本科时代、作为欧柏林山西纪念协会驻中国的代表和董事会成员的岁月、作为教师交流成员的贡献以及对东亚历史的特殊兴趣。大约三分之一的档案是卡尔森作为协会驻中国的代表和董事会成员时的往来信件。档案中还有卡尔森（约 1941年）编制的两张（中国）地图、手写统计数据和表格数据，这些数据追踪了 1937 年日本入侵中国后明贤学校的迁移经历。该收藏分为十二个系列：一，个人档案文件；二，寄往家里的信（来自欧伯林学院）；三，与 OSMA 有关的文件；四，通信；五，各种杂项；六，教职人员和学生的交流；七，学术出版物；八，演讲和谈话；九，弗洛伦斯·博比·卡尔森的文件；十，与欧柏林宣教团有关的文件：山西基督宣教会，1882—1900 年；十一，照片和相册；十二，动态影像。

埃尔斯沃思·C. 卡尔森于 1917 年 5 月 27 日出生在康涅狄格州的布里奇波特。1939 年以优等毕业生获欧柏林学院历史学学士学位（A. B.）。1939 年，被选为欧柏林纪念协会（OSMA）的"欧柏林在中国"代表。1939 至 1943 年，在中国教授英语。1943 至 1944 年，担任中国重庆国立学生救济委员会的行政秘书。回到美国后，在哈佛大学师从埃德温·赖舒尔和约翰·费尔班克，于 1949 年获硕士学位，1952 年获历史学博士学位。1950 年，卡尔森加入欧柏林学院历史学系担任助理教授，1954 年晋升为副教授，1962 年晋升为教授。他开设和教授的课程包括现代中国、现代印度和中国传统文明。1969 至 1974 年，卡尔森担任欧柏林学院教务长，后又两次担任代理校长。1981 年退休，并继续担任欧柏林纪念协会董事会的名誉董事。卡尔森于 1999 年 7 月 24 日在欧柏林 Kendal 社区去世。

题名： Susan Rowena Bird Papers

中文翻译： 贝如意档案

网址： http://oberlinarchives.libraryhost.com/index.php?p=collections/controlcard&id=207&q=China

案卷号： RG 30/351

作者： Susan Rowena Bird

时间范围：1843—1945

使用权限：公开

语言：英文，中文

内容提要：

　　贝如意（Susan Rowena Bird）档案包括通信集、家谱记录、家族成员及同事的相片、日记、其他文字材料等。

　　贝如意于1865年7月1日出生在伊利诺伊州的桑多瓦尔（Sandoval）。1884年进入欧柏林学院学习，1890年获文学学士学位。1895年，获学院颁发的艺术学学士学位。1890年9月，美部会接受了贝如意去中国传教的申请。到达山西后，贝如意加入"欧柏林帮"，在来浩德夫人于太谷镇建立的男生寄宿学校里教书。在她的学生中有后来成为中华民国政府财政部部长的孔祥熙。孔祥熙与贝如意感情深厚，早年跟随贝如意学习的经历激发了他后来去美国读书深造的决心。贝如意同时也投身于布道团办的李曼村戒烟所的工作。1900年7月，贝如意在义和团运动中不幸遇难。

题名：Francis Marion Price Papers

中文翻译：弗朗西斯·马里恩·普赖斯档案

网址：http://oberlinarchives.libraryhost.com/index.php?p=collections/controlcard&id=528&q=China

案卷号：RG 30/395

作者：Francis Marion Price

时间范围：1888—1937

语言：英文，中文

内容提要：

　　弗朗西斯·马里恩·普赖斯（Francis Marion Price）档案分为六个系列：一，通信。二，日记。三，印刷品。四，影集。五，剪贴簿。六，物件。其中包括伊娃·J. 普赖斯（Eva J. Price）1900年6月28日至7月1日之间的打字信件。这些文字曾发表于《中国报道，1889—1900：义和团运动期间的美国传教士家庭》（纽约：Charles Scribner's Sons，1989）。

弗朗西斯·马里恩·普赖斯于 1850 年 12 月 9 日出生在印第安纳州的里奇兰（Richland）。1882 年在欧柏林学院获文学学士（A. B.）学位，1883 年在欧柏林神学院获神学学士（B. D.）学位。1872 年 1 月，与萨拉·简·弗里伯恩（Sarah Jane Freeborn）结婚。1883 年，开始在中国山西汾州从事传教工作。1907 年，普赖斯夫妇回到美国。1907 至 1908 年，弗朗西斯任加利福尼亚伯克利市的帕克教会（Park Church）牧师。1909 年，成为加利福尼亚东方传教协会（California Oriental Mission）董事会主席。1911 年，加入南直隶会（Soth Chihli Mission）（新教）。1912 年，开始在保定府工作，持续了 14 年。1916 年 8 月 2 日，萨拉去世。1918 年 9 月，弗朗西斯与珍妮·玛塔贝尔·里夫斯（Mrs. Jennie Martabel Reeves）结婚。弗朗西斯最主要的贡献是教授保定东门外军事学院的学生，许多中国高级军官曾在那里接受培训。退休后，弗朗西斯成为伯克利市帕克公理会教会（Park Congregational Church）的名誉牧师，后加入奥克兰（Oakland）的第一公理会教会（First Congregational Church），并在欧柏林山西纪念协会董事会担任名誉董事。

题名： Eva J. Price Papers

中文翻译： 伊娃·J. 普赖斯档案

网址： http://oberlinarchives. libraryhost. com/index. php?p=collections/controlcard&id=344

案卷号： RG 30/274

作者： Eva J. Price

时间范围： 1884—1902, 1990, n. d.

使用权限： 公开

语言： 英文

内容提要：

本系列涵盖伊娃·J. 普赖斯（Eva J. Price）和家人的通信、1900 年 6 月 28 日至 7 月 1 日间的日记、与家人在中国的照片。

伊娃·J. 普赖斯于 1855 年在密歇根州的康斯坦丁（Constantine）出生。1873 年 2 月，与查尔斯·韦斯利·普赖斯（Charles Wesley Price）结婚。夫妇俩在 1883 至 1884 年期间搬到欧柏林，查尔斯开始了为期五年半的学习生涯，伊娃也于

1884 至 1885 年间在欧柏林学院学习。1889 年，查尔斯获神学学位，同年被欧柏林委任，成为美部会的传教士，来到中国传教，曾在汾州的福音学校担任校长。伊娃同身在爱荷华的家人保持着频繁的书信往来。义和团运动爆发后，1899 至 1900 年期间书信无法正常送出，她就用日记记录自己和家人的亲身经历。1900 年 8 月，查尔斯一家不幸遇难。伊娃的三位侄孙女将她的书信和日记编纂成书出版，题为《1889 至 1900 年间的在华日记：一个美国传教士家庭经历的义和团运动》（Scribners，1989）。

题名： Dorothy Lloyd Donaldson Papers

中文翻译： 多萝西·劳埃德·唐纳森档案

网址： http://oberlinarchives. libraryhost. com/index. php?p＝collections/controlcard&id＝572&q＝China

案卷号： RG 30/442

作者： Dorothy Lloyd Donaldson

时间范围： 1925—1927

使用权限： 公开

语言： 英文

内容提要：

该系列包括多萝西·劳埃德·唐纳森（Dorothy Lloyd Donaldson）发出和收到的信件、明信片和日记抄本，记述了她 1925 至 1927 年在北京的北华美国学校任教的工作经历。

多萝西·劳埃德·唐纳森于 1903 年 1 月 8 日出生在纽约州的普莱恩斯维尔（Plainsville）。1925 年毕业于欧柏林学院，获英国文学学士学位。1925 年前往中国北京，在北华美国学校（North China American School）担任历史和英语写作的教师，为期两年。1928 年 7 月，与罗伯特·D. 唐纳森（Robert D. Donaldson）结婚。多萝西于 1976 年 3 月 23 日在西班牙的富恩吉罗拉（Fuengirola）去世。

题名： Margaret Portia Mickey Papers

中文翻译： 玛格丽特·波蒂亚·米基档案

网址：http://oberlinarchives.libraryhost.com/index.php?p=collections/controlcard&id=231&q=Margaret+Portia+Mickey+

案卷号：RG 30/442

作者：Margaret Portia Mickey

时间范围：1925—1927

使用权限：公开

语言：英文

内容提要：

　　档案包括玛格丽特·波蒂亚·米基（Margaret Portia Mickey）写给父母或兄弟的信件以及她的母亲访问中国期间写的信件。这些信件详细记述了周围环境、旅行见闻、传教士的日常生活与社交活动。档案还有玛格丽特所写的散文和"传教站书信"，涵盖医疗工作、洪水灾害、妇女工作、农村工作和学校工作等主题。一篇1943年的论文描述了她在海帕苗族村庄观察到的习俗。给博恩（Bohn）的19封信写于1915至1945年间，叙述了她在中国和日本的活动。

　　玛格丽特·波蒂亚·米基于1912年在欧柏林学院获数学学士学位。1912至1914年，曾任欧柏林学院校长助理 C. Whiting Williams 的秘书。

题名：Chauncey N. Pond Papers

中文翻译：昌西·N. 庞德档案

网址：http://oberlinarchives.libraryhost.com/index.php?p=collections/controlcard&id=47&q=China

案卷号：RG 30/042

作者：Chauncey N. Pond

时间范围：1852—1920

使用权限：公开

语言：英文

内容提要：

　　该收藏分为五个系列：一，昌西·N. 庞德（Chauncey N. Pond）与外国传教士的往来信函；二，庞德收集的历史文件；三，与庞德牧师工作相关的文件；四，庞德的家庭照片；五，哈丽特·帕金斯·庞德（Harriet Perkins Pond）相册。庞德的传教士往来信函和收集的历史材料着重描述了他和山西欧柏林传教士的生活。与其有信函往来的传教士包括：伊雷内厄斯·J. 阿特伍德医生（Dr. Irenaeus J. Atwood）、罗文娜·伯德（Rowena Bird）、伊娃·简·普赖斯（Eva Jane Price）、查尔斯·W. 普赖斯牧师（The Rev. Charles W. Price）、爱丽丝·穆恩·威廉姆斯（Alice Moon Williams）、莉迪亚·洛德·戴维斯（Lydia Lord Davis）和詹妮·罗兰德·克拉普（Jennie Rowland Clapp）。其中一些信函来自非洲、保加利亚、土耳其、印度以及太平洋乌拉岛的传教士，描述了他们所在地区的日常生活和传教经历。非洲的来信者包括埃玛·C. 雷迪克（Emma C. Redick）、珍妮特·E. 米勒、内莉·J. 阿诺特、路易丝·B. 费（Louise B. Fay）、米妮·J. 桑德斯、查尔斯·K. 特雷西（Charles K. Tracy），土耳其的来信者有安娜·维多利亚·芒福德（Anna Victoria Mumford），印度的来信者有珍妮·富勒（Jennie Fuller）。其他信函包括庞德与女儿詹妮·庞德·阿特沃特（Jennie Pond Atwater）的来往信函、厄内斯汀（8 岁）和玛丽（6 岁）于 1898 年写给父母和祖父母（庞德牧师夫妇）的信函。庞德制作的名为"来自中国的消息"（"News from China"）剪贴簿记录了欧柏林学院的毕业生在义和团运动后重新开办山西传教站的经历。剪贴簿时间跨度为 1904 至 1919 年，其中包含有关温·考温·费尔菲尔德（Wynn Cowan Fairfield）、保罗·L. 科宾（Paul L. Corbin）和弗洛拉·希布纳（Flora Heebner）工作的印刷材料，还有一份关于莉迪亚·洛德·戴维斯女校（Lydia Lord Davis School for Girls）的报告（1914）。与庞德牧师工作有关的材料时间跨度为 1866 至 1920 年，包括各种各样的文件，如账本、剪贴簿材料和零散的笔记等。此外，第二、第四和第五系列中有一系列照片，展示了汾州和太谷传教站的建筑以及山西传教士的家庭。

题名：Everett D. Hawkins Papers
中文翻译：埃弗里特·D. 霍金斯档案
网址：http://oberlinarchives. libraryhost. com/index. php?p＝collections/controlcard&id＝284&q＝China
案卷号：RG 30/130
作者：Everett D. Hawkins

时间范围：1900—1972

使用权限：公开

语言：英文，中文

内容提要：

　　埃弗里特·D. 霍金斯（Everett D. Hawkins）档案记录了霍金斯作为欧柏林学院山西代表在太谷度过的两年时间（1927—1929）以及他在重庆的美国战争情报办公室的服务工作（1944—1946）。

题名：Lewis and Lois Gilbert Papers

中文翻译：刘易斯和洛伊丝·吉尔伯特档案

网址：http://oberlinarchives. libraryhost. com/index. php?p=collections/controlcard&id=238&q=China

案卷号：RG 30/138

作者：Lewis and Lois Gilbert

时间范围：1925—1980

使用权限：公开

语言：英文

内容提要：

　　刘易斯（Lewis）和洛伊丝·吉尔伯特（Lois Gilbert）档案记录了他们 1925 至 1941 年在中国的传教工作。其中包括吉尔伯特夫妇在中国期间写给家人的信件，信中描述了他们 1926 至 1927 年在长沙雅礼的工作以及 1929 至 1941 年作为美国公理宗海外传道部（美布会）传教士在华北的工作。

题名：Grace E. McConnaughey Papers

中文翻译：格蕾丝·E. 麦康瑙希档案

网址：http://oberlinarchives. libraryhost. com/index. php?p=collections/controlcard&id=192&q=China

案卷号：RG 30/160

作者：Grace E. McConnaughey

时间范围： 1910—1928，1934，1945，1952，1981 及日期不详

使用权限： 公开

语言： 英文

内容提要：

　　格蕾丝·E. 麦康瑙希（Grace E. McConnaughey）档案记录了她 1910 至 1928 年在中国山西的传教工作。她写给母亲和其他亲友的信件详细描述了在中国的传教生活以及当时中国的社会状况，展示了中国人的习俗、日常活动、艰辛和成就。格蕾丝的著作包括两篇已发表的文章——"Big Sister Jen：The Loving Hearted"（1921）和"The Removal of an Ancient Landmark"（不完整，日期不详），以及未发表的作品——一个名叫阳光的中国女奴的故事。档案还包括照片、格蕾丝的自传素描、题为"奇异恩典"的手稿等。

题名： Dutton Family Papers

中文翻译： 达顿家族档案

网址： http://oberlinarchives. libraryhost. com/index. php?p=collections/controlcard& id=249&q=China

案卷号： RG 30/209

作者： Dutton Family

时间范围： 1911—1984 及日期不详

使用权限： 公开

语言： 英文

内容提要：

　　达顿家族（Dutton Family）档案记录了家族三代人的生活，涉及海伦·阿克斯福德·威利·达顿（Helen Axford Wiley Dutton）和菲利普·德鲁·达顿（Philip Drew Dutton）在欧柏林学习的岁月、他们在中国和菲律宾担任传教士的经历（1919—1952）以及托马斯·切斯特·达顿上校（Thomas Chester Dutton）的兵役情况。该系列的很大一部分是个人信件，此外还有未发表的手稿、报告、日记、照片、期刊、报纸文章等。

题名： George Durand Wilder Papers

中文翻译： 乔治·杜兰德·怀尔德档案

网址： http://oberlinarchives. libraryhost. com/index. php?p=collections/controlcard&id=309&q=China

案卷号： RG 30/213

作者： George Durand Wilder

时间范围： 1922—1945 及日期不详

使用权限： 公开

语言： 英文，中文

内容提要：

乔治·杜兰德·怀尔德（George Durand Wilder）档案主要由 1922 至 1945 年怀尔德与他的堂兄弟和朋友之间的往来通信组成，内容有关他的传教工作和家庭事务。1936 年，怀尔德离开中国时被日本政府拘留。在写给堂兄杰米（Jamie）的信中，描述了他的经历。

题名： Frank B. Warner Papers

中文翻译： 弗兰克·B. 华纳档案

网址： http://oberlinarchives. libraryhost. com/index. php?p=collections/controlcard&id=243&q=China

案卷号： RG 30/214

作者： Frank B. Warner

时间范围： 1912—2001

使用权限： 公开

语言： 英文

内容提要：

弗兰克·B. 华纳（Frank B. Warner）档案记录了华纳和他的妻子莫德·鲍曼·华纳（Maude Bowman Warner）20 世纪初在中国的传教工作。档案分为四个系列：一，传记。二，通信。三，与传教工作有关的报告。四，照片。信件中描述了当时中国的社会状况、对于中国文化的认识、传教工作的困难、医疗服务条件、在中国的旅行、家庭成员的情况。少数信件写于弗兰克在欧柏林学院就读神学院时的日子(1912—1914)。

题名： Robbins Strong Papers

中文翻译： 罗宾斯·斯特朗档案

网址： http://oberlinarchives. libraryhost. com/index. php?p＝collections/controlcard&id＝240&q＝China

案卷号： RG 30/215

作者： Robbins Strong

时间范围： 1934—1989

使用权限： 公开

语言： 英文

内容提要：

　　罗宾斯·斯特朗(Robbins Strong)档案主要包括六本相册和五份手稿，涵盖了斯特朗作为山西欧柏林代表和基督教传教士在中国的职业生涯。六本摄影集记录了1934年至20世纪50年代山西"欧柏林村"的生活。卡尔·休伯(Carl Huber)、雷蒙·泰森·莫耶(Raymond Tyson Moyer)和多萝西·莫耶(Dorothy Moyer)陪同其前往中国北部和中部旅行的照片展现了通信和自传中没有说明的内容。

题名： Robert Merrill Bartlett Papers

中文翻译： 罗伯特·梅里尔·巴特利特档案

网址： http://oberlinarchives. libraryhost. com/index. php?p＝collections/controlcard&id＝321&q＝China

案卷号： RG 30/237

作者： Robert Merrill Bartlett

时间范围： 1923—1993

使用权限： 以下系列受限制：系列2. 通信，子系列2. 附加通信。复印件：仅供参考。

语言：英文

内容提要：

罗伯特·梅里尔·巴特利特（Robert Merrill Bartlett）档案记录了巴特利特作为教师、作家和历史学家的职业生涯。该系列包括少量传记材料、信件、剪报、口述史资料和照片。系列涵盖了巴特利特感兴趣的三个领域：朝圣者，中国，宗教和教会历史。手稿的标题包括"中国革命者"（Chinese Revolutionaries）（约 1986年）、"围城北京"（The Beleaguered City Peking）（1924 年 10 月 24 日）、"高山朝圣者"（Alpine Pilgrims）、"普法尔茨教堂"（The Church of the Palatinate）等。

题名：J. Clayton Miller Papers

中文翻译：J. 克莱顿·米勒档案

网址：http://oberlinarchives.libraryhost.com/index.php?p=collections/controlcard&id=209&q=China

案卷号：RG 30/255

作者：J. Clayton Miller

时间范围：1930—1997 及日期不详

使用权限：公开

语言：英文

内容提要：

J. 克莱顿·米勒（J. Clayton Miller）档案主要记录了 1930 至 1932 年米勒作为山西代表在中国的经历，包括米勒与亲友来往的信件、在中国收集的地图、电影胶片、关于时局的文章等。

题名：Raymond T. Moyer Papers

中文翻译：雷蒙德·T. 莫耶档案

网址：http://oberlinarchives.libraryhost.com/index.php?p=collections/controlcard&id=228&q=China

案卷号：RG 30/260

作者：Raymond T. Moyer

时间范围：1913—2000

使用权限：公开

语言：英文

内容提要：

　　雷蒙德·T. 莫耶（Raymond T. Moyer）档案包括通信、书面文件、演讲、讲座和专题文件，以及非文本材料和出版物合集。该系列涵盖了莫耶20世纪20至60年代在东亚的职业生涯。莫耶在亚洲生活近五十年，通过美国提供的经济、技术和农业援助，投身当地事业，曾在中国山西太谷的明贤学校担任欧柏林山西代表（1921—1923）和农业部门负责人（1927—1941）。莫耶在中国的经历使他成为美国政府的顾问。

题名：Herbert and Josephine Van Meter Papers

中文翻译：万慕德（赫伯特和约瑟芬·万慕德）档案

网址：http://oberlinarchives. libraryhost. com/index. php?p＝collections/controlcard& id＝216&q＝China

案卷号：RG 30/288

作者：Herbert and Josephine Van Meter

时间范围：1923—1987, 1995—1996

使用权限：一份文件受到限制（如清单所示）。

语言：英文

内容提要：

　　赫伯特·万慕德（Herbert Van Meter）和约瑟芬·万慕德（Josephine Van Meter）档案记录了赫伯特·万慕德在欧柏林学院的学生时代（1933—1937），以及他作为欧柏林学院山西纪念协会在中国的代表和在二战期间担任海军牧师的职业生涯。该系列还包括约瑟芬·万慕德担任山西纪念协会代表、美国基督教女青年会（Y. W. C. A.）教员、山西纪念协会执行秘书（1944—1946）的材料。

题名：Gertrude M. Hoffman Papers

中文翻译：格特鲁德·M. 霍夫曼档案

网址：http://oberlinarchives.libraryhost.com/index.php?p=collections/controlcard&id=244&q=China

案卷号： RG 30/311

作者： Gertrude M. Hoffman

时间范围： 1933—1936

使用权限： 公开

语言： 英文

内容提要：

格特鲁德·M. 霍夫曼（Gertrude M. Hoffman）档案由两个系列组成：一，通信。二，相册。通信系列包括1933至1936年格特鲁德在山西太谷的欧柏林山西纪念学校任教期间写给家人的信件，其中描述了她的日常生活、所教课程、所见风俗、访问各地的情况、学习中文的经历等。

题名： Francis F. and Emma B. Tucker Papers

中文翻译： 弗朗西斯·F. 塔克和爱玛·B. 塔克档案

网址： http://oberlinarchives.libraryhost.com/index.php?p=collections/controlcard&id=407&q=China

案卷号： RG 30/311

作者： Francis F. and Emma B. Tucker

时间范围： 1880s—1964

使用权限： 未知

语言： 英文

内容提要：

弗朗西斯·F. 和爱玛·B. 塔克（Francis F. and Emma B. Tucker）档案记录了塔克家族参与传教和医疗工作的经历，包括信件、传记材料、照片、剪贴簿和明信片等。档案分为四个系列：一，传记档案。二，通信文件。三，照片。四，其他。弗朗西斯和爱玛是1902至1941年间在中国工作的医疗传教士。

题名：Irenaeus Atwood Family Papers

中文翻译：文阿德（爱任纽·阿特伍德）家庭档案

网址：http://oberlinarchives. libraryhost. com/index. php?p＝collections/controlcard＆id＝206＆q＝China

案卷号：RG 30/373

作者：Irenaeus Atwood Family

时间范围：1877—1968

使用权限：公开

语言：英文，中文

内容提要：

　　文阿德（Irenaeus Atwood）家庭档案是个人物品和著作的汇编，包括信件、印刷品、照片、杂项材料、手工艺品等，展示了文阿德家庭在中国的传教工作和日常生活。

　　文阿德于 1850 年 12 月 4 日出生在威斯康星州的米尔斯湖（Lake Mills）。1878 年在里彭学院（Ripon College）获学士学位。1881 年毕业于欧柏林神学院，成为欧柏林"中华团"的一员，前往中国传教。1877 年 12 月，与安妮特·威廉姆斯（Annette Williams）结婚。文阿德一直在中国传教，后因耳聋问题，不得不在义和团运动爆发前回美国治疗。在美国休假期间攻读医学，于 1888 年在拉什学院（Rush College）获医学学位，后以医疗传教士的身份返回中国。义和团运动后，文阿德致力于与中国政府的外交谈判，促使当地为遇难传教士修建纪念碑和传教基地的重建。文阿德在华盛顿州的塔克马（Tacoma）度过了晚年，于 1913 年 10 月 1 日去世。

题名：Dale R. Johnson Papers

中文翻译：戴尔·R. 约翰逊档案

网址：http://oberlinarchives. libraryhost. com/index. php?p＝collections/controlcard＆id＝374＆q＝China

案卷号：RG 30/375

作者：Dale R. Johnson

时间范围：1931—1998

使用权限：部分材料限制使用

语言：英文，中文

内容提要：

戴尔·R. 约翰逊（Dale R. Johnson）档案主要包括欧柏林学院所藏的一座佛寺建筑的资料。这座寺庙是中国热河一处 18 世纪藏传佛教寺庙的复制品。这一复制品曾在 1931 年的芝加哥国际展览会和 1939 年的纽约世界博览会上展出，1943 年被捐赠给欧柏林学院东亚研究中心。重建这座建筑的计划步履蹒跚，之后它被捐赠给查尔斯·马丁·霍尔（Charles Martin Hall）产业。霍尔产业于 1957 年将其赠予哈佛燕京学社，哈佛燕京学社于 1970 年又将其赠予印第安纳大学，但它一直留在欧柏林的仓库中，直到 20 世纪 80 年代被运到斯德哥尔摩。

题名：Frances J. Cade and E. John Hamlin Papers

中文翻译：弗朗西斯·J. 凯德和 E. 约翰·哈姆林档案

网址：http://oberlinarchives.libraryhost.com/index.php?p=collections/controlcard&id=8&q=China

案卷号：RG 30/418

作者：Frances J. Cade and E. John Hamlin

时间范围：1934—1948；1982—1989

使用权限：公开

语言：英文，中文

内容提要：

档案包括弗朗西斯·J. 凯德（Frances J. Cade）和 E. 约翰·哈姆林（E. John Hamlin）的书信、照片和其他物品。哈姆林夫妇在太谷期间为家乡报纸撰写的文章介绍了他们的工作经历。他们提交给欧柏林学院山西纪念协会的报告展示了对于中国政治和社会的观察。约翰·哈姆林是一位有天赋的摄影师，他的照片生动地反映了 20 世纪 30 年代中期山西的社会状况。

弗朗西斯·J. 凯德于 1912 年出生在俄亥俄州的迈阿密斯堡（Miamisburg）。1934 年在欧柏林学院获体育教育学士学位（A. B.）。1934 至 1937 年在太谷担任欧柏林山西纪念协会的英语教师。1938 至 1939 年担任汉密尔顿市（Hamilton）基督教女青年会（Young Women's Christian Association）健康教育秘书。1939 年回太谷从事康复工作。1941 年回到欧柏林，担任欧柏林山西纪念协会执行秘书。

E. 约翰·哈姆林于 1915 年出生在密歇根州的铁河（Iron River）。1936 年获欧柏林学院的文学学士学位（A. B.），同年成为太谷的欧柏林山西代表，并在那里与弗朗西斯相识。1937 年回纽约州奥尔比恩。1938 至 1940 年，就读于欧柏林神学研究生院，获基督教教育硕士学位（A. M.）。1940 年在纽约州奥尔比恩的家乡教堂被任命为美国长老会（Presbyterian Church）的道和圣礼部长，之后转到联合神学院（Union Theological Seminary），于 1941 年获神学硕士学位（B. D.）。1942年 7 月，弗朗西斯·J. 凯德和 E. 约翰·哈姆林结婚。

1941 至 1943 年，约翰在纽约州奥本市（Auburn）第一长老会（First Presbyterian Church）担任牧师。1943 至 1945 年，任职于纽约州索奎特（Sauquoit）的联合长老会教堂（Union Presbyterian Church），后成为军队牧师，被分配到医院船 Emestine Koranda。1946 年约翰退伍后，哈姆林夫妇被美国长老会外国传教部委任为中国的传教士和教师。他们于 1947 年在北京学习中文，然后被派往山东济南的齐鲁中学（Cheeloo Middle School）教书，直至 1951 年 4 月。1952 年，哈姆林夫妇被派往日内瓦的世界基督教教会委员会（World Council of Churches）。1954 年被调到泰国学习语言，开始为泰国基督教教会的泰国神学院（Thailand Theological Seminary of the Church of Christ in Thailand）工作。1974 至 1980 年，哈姆林夫妇在新加坡三一神学院（Trinity Theological College）任教。1980 年退休，1982 年搬到俄亥俄州的韦弗利（Waverly）。弗朗西斯于 2006 年去世，约翰于 2010 年去世。

题名：Dorothy Lloyd Donaldson Papers

中文翻译：多萝西·劳埃德·唐纳森档案

网址：http://oberlinarchives. libraryhost. com/index. php?p＝collections/controlcard&id＝572&q＝China

案卷号：RG 30/442

作者：Dorothy Lloyd Donaldson

时间范围：1925—1927

使用权限：公开

语言：英文，法文

内容提要：

　　该档案包括信件、明信片、日记抄本等，记录了多萝西·劳埃德·唐纳森（Dorothy Lloyd Donaldson）1925 至 1927 年间在通县的北华美国学校（North China American School）任教的经历。其中 1925 年 8 月转录的日记条目和信件涵盖了她在奥克兰、火奴鲁鲁、日本、韩国和中国的旅行。多萝西写给家人的信中有大量关于她在中国生活和工作经历的内容，也描述了对时局的所见所闻。

　　多萝西·劳埃德·唐纳森于 1903 年 1 月 8 日出生在纽约州的普莱恩斯维尔（Plainsville）。1925 年毕业于欧柏林学院，获英国文学学士学位。1925 年前往北京，在北华美国学校担任历史和英语教师，为期两年。1928 年 7 月，与罗伯特·D. 唐纳森（Robert D. Donaldson）结婚。多萝西于 1976 年 3 月 23 日在西班牙富恩希罗拉（Fuengirola）去世。

题名：H. H.（Hsiang-hsi）Kung Collection

中文翻译：孔祥熙收藏

网址：http://oberlinarchives. libraryhost. com/index. php?p＝collections/controlcard＆id＝586&q＝China

案卷号：RG 30/448

作者：孔祥熙

时间范围：1906—2010

使用权限：一个文件夹有使用限制

语言：中文，英文

内容提要：

　　这个收藏汇集了由欧柏林学院档案馆和曾由欧柏林学院图书馆持有的不同资料，分为六个系列：一，传记、剪报、通信、著作、小册子。这个系列代表了该档案收藏的大部分内容，包括时间跨度很长的剪报（1908、1913—1999）、关于孔祥熙的中英文著作以及美国援助中国工业合作社委员会（INDUSCO Inc.）出版的小册子。此外还有少量信件、传记材料，包括孔的学生档案副本、家谱和讣告。

二，主题档案。这个系列包括 1934 至 2010 年赠送给欧柏林学院图书馆的礼物的档案。另一由学院档案馆保存的主题文件是关于 1933 年在芝加哥进步世纪展上展出的热河金阁的复制品的材料。三，一次性印刷品。这批藏品包括书法残片、小册子、印花税票以及 1944 年在纽约举办的午餐会和招待会的邀请函。四，照片。此系列照片涵盖孔的学生时代、担任明贤学校校长的时期、做部长的阶段以及后来在纽约和欧柏林的岁月。五，受限材料。该系列包含一份 1906 年的成绩单副本以及 20 世纪 90 年代初期的机密文字。六，微缩胶片（中文）。其中内容包括与 1938 至 1943 年中国政治和经济状况有关的通信、演讲、著作、报告和会议材料。

Reed College 里德学院

学院简介：

    里德学院是一所位于俄勒冈州波特兰市的私立文理学院。学院成立于 1908 年。里德校园位于东莫尔兰德社区，建筑风格为都铎式和哥特式，学校中心区域有一片森林峡谷自然保护区。该学院以进步的政治倾向和严谨的治学而闻名。学院有 1523 名本科生（2022 年数据）。

题名：Formosa Nineteenth Century Images

中文翻译：台湾 19 世纪影像

网址：https://rdc.reed.edu/c/formosa/home/

时间范围：1787—1900

数量：877 件

使用权限：公开

语言：英文

内容提要：

    这个数字图书馆汇集了大量关于台湾岛及岛上各族群、自然资源、野生动物和建筑环境的图像。这些内容最初发表于 19 世纪欧洲和北美的书籍和期刊，是研究台湾历史的珍贵资料。

Simmons University 西蒙斯大学

学院简介：

  西蒙斯大学是一所位于马萨诸塞州波士顿的私立大学。它由制衣业者约翰·西蒙斯于 1899 年创办。其本科课程以女性为主，而研究生课程则是男女共校。学校有 1788 名本科生和 4539 名研究生（2022 年数据）。

题名： Guide to the Medical Missionary Society of Canton, China records, 1838

中文翻译： 广州医疗布道会指南，中国记录，1838 年

网址： https://beatleyweb. simmons. edu/collectionguides/CharitiesCollection/CC008. html?_ga=2. 173419683. 1422530044. 1658112159-646787083. 1657169125

案卷号： CC 8

作者： Medical Missionary Society in China

时间范围： 1838

数量： 1 个文件夹

使用权限： 公开

语言： 英文

内容提要：

  广东医疗传教会（Medical Missionary Society of Canton, China）的记录包括会议纪要、提案、名单、账目、报告等。记录的第一部分包括在 1838 年 2 月和 4 月举行的两次公开会议的纪要。会议讨论的焦点是制定广东医疗传教会的法规和决议，以及阐明该会的目标和基本原则。附录中有广东医疗传教会于 1836 年 10 月发布的提案的复制件。这个收藏还包括受托人、董事、会员、订阅者、代理人、捐赠者的名单以及账目记录。另有广东眼科医院第九份报告的副本，列出了 1838 年第四季度医院运营的详细数据。

  广东医疗传教会的成立源于彼得·帕克医生于 1836 年发布的一本小册子，其中提出了为中国贫困人士提供无偿医疗护理的宝贵建议。1838 年 2 月 21 日，广

东医疗传教会正式成立，由 **T. R. Colledge** 医生担任主席，彼得·帕克担任副主席。该协会的目标是鼓励医疗专业人士前来为中国人提供无偿医疗服务。彼得·帕克是来到中国的第一位医疗传教士，并对建立美国与中国政府之间的商业和外交关系起了关键作用。

Skidmore College 斯基德莫尔学院

学院简介：

  斯基德莫尔学院是一所位于纽约州萨拉托加斯普林斯的私立文理学院。自 20 世纪初期作为女子学院成立以来，学院经历了许多变革。1903 年，露西·安·斯基德莫尔(Lucy Ann Skidmore)创建了年轻女性工业俱乐部；1911 年，俱乐部以"斯基德莫尔艺术学校"(Skidmore School of Arts)的名义获得特许，成为一所专业培训年轻女性的学院。学院有 2650 名本科学生(2022 年数据)。

题名： Correspondence：Gridley-experiences in China

中文翻译： 格里德利-中国经历(信件)

网址： https://digitalcoll. skidmore. edu/search?f1 = creator&as = 1&sf = title&so = a&rm = &m1 = e&p1 = Wagner% 2C% 20Margaret% 20% 28Peg% 29% 20Corson% 2C% 20b. % 201896&ln = en

作者： Margaret (Peg) Corson Wagner

时间范围： 1917，1918

数量： 2 封

使用权限： 公开

语言： 英文

内容提要：

  玛格丽特(Margaret)写给斯基德莫尔学院院长莎拉·格里德利·罗斯的信详细说明了她在中国的经历和她对学院生活的怀念。另一封信写自南京，详细描述了生活体验和感受。

Smith College 史密斯学院

学院简介：

    史密斯学院是一所位于马萨诸塞州诺思安普顿的私立女子文理学院。学院由索菲亚·史密斯（Sophia Smith）于1871年创立，并于1875年开学，是"七姐妹学院"中规模最大的。史密斯学院还是"五校联盟"（Five College Consortium）的成员之一，其他四所学校包括曼荷莲学院、阿默斯特学院、汉普郡学院和马萨诸塞大学阿默斯特分校。每个学院的学生都可以在其他成员学校选课。学院有2523名本科学生（2022年数据）。

题名：Beatrice Farnsworth Powers Papers

中文翻译：比特丽斯·法恩斯沃斯·鲍尔斯档案

网址：https://findingaids. smith. edu/repositories/2/resources/757

案卷号：SSC-MS-00125

作者：Beatrice Farnsworth Powers

时间范围：1887—1969

数量：2盒

使用权限：公开

语言：英文

内容提要：

    该档案包括信件、照片、纪念品和著作，记录了比特丽斯·法恩斯沃斯·鲍尔斯（Beatrice Farnsworth Powers）1907年前往欧洲的旅行、1912年在拉布拉多的护理工作以及1913至1915年在中国长沙的生活。比特丽斯曾担任雅礼中国医院的护士长，在档案中的一些信件和著作中表达了对中国妇女地位的看法、对传教士影响的认识以及对中国社会的反思。照片记录了在圣安东尼（纽芬兰）、巴特尔港（拉布拉多）和长沙（中国）的日常场景。档案中还有关于比特丽斯和格罗弗·鲍尔斯（Grover Powers）以及他们的侄女奥利佛·弗洛伊德（Olive Floyd）的传记文章和著作。

比特丽斯·法恩斯沃斯·鲍尔斯于 1880 年 5 月 22 日出生在马萨诸塞州的林肯。1912 年毕业于约翰霍普金斯护理学院后，志愿前往威尔弗雷德·格伦费尔德（Wilfred Grenfell）博士的拉布拉多传教站工作。1913 年前往中国长沙，在耶鲁大学医院的工作队伍中度过了两年半时间，担任护理学校的校长和护士主管。1915 年返回美国。1916 年嫁给格罗弗·弗朗西斯·鲍尔斯（Grover Francis Powers）。鲍尔斯夫妇先后居住在巴尔的摩和纽黑文。1957 年，比特丽斯和她的侄女奥利弗·弗洛伊德出版了《早期美国装饰锡器》，成为"该领域的经典之作"。比特丽斯于 1967 年 9 月 4 日去世。

题名： Ginling College Records

中文翻译： 金陵女子大学记录

网址： https：//findingaids. smith. edu/repositories/4/resources/68

案卷号： CA-MS-00016

作者： 金陵女子大学

时间范围： 1915—1993

数量： 14 盒

使用权限： 公开

语言： 英文

内容提要：

金陵女子大学档案的时间跨度为 1915 至 1993 年。大部分材料来源于史密斯学院与金陵女子大学交流的高峰时期，即 1920 至 1950 年。档案包括书信、报告、会议纪要、照片、出版物、论文、卷轴、横幅、文凭、纪念品等。从金陵女子大学管理人员和教职工的报告中，可以窥见这一时期中国政治的动荡。从金陵女子大学的预算中，可以看到各方面的支出明细。还有一些关于金陵女子大学历史的论文，最著名的是学院第一任校长劳伦斯·瑟斯顿（Lawrence Thurston）夫人的一本书。教师档案，如吴怡芳（Wu Yi-fang）博士的档案，详细描述了在金陵女子大学生活和教学的情况。其他资料还包括中国基督教大学协会、理事会、创始委员会、中国基督教大学联合理事会的部分档案。不同时期的建筑物、学生和教职工的照片让人感受到当时的校园生活。此外，还有许多时事通讯、小册子和课程公告。学生组织的出版物和校长的报告也是了解金陵女子大学生活的信息来源。

金陵女子大学成立于 1915 年，由美北长老会、美以美会、监理会、美北浸礼会和基督会联合创办。金陵女子大学第一届学生于 1919 年毕业，吴怡芳成为中国第一批获得正式认证的文学学士学位的女性之一，后来在 1928 年成为金陵女子大学的校长。除了中国古典文化，学院所有课程都用英语授课。

史密斯学院与金陵女子大学的关系始于 1916 年。迪莉亚·李文斯和弗雷德里卡·米德曾在中国生活过一段时间，在他们的热情支持下，史密斯学院基督教工作协会将金陵女子大学选为海外项目，不断向其捐款，提供帮助。到 1942 年，已有 15 名史密斯校友在金陵女子大学教书。1943 年，吴怡芳博士访问史密斯学院，获荣誉法学博士学位。她带来了一条有金陵女子大学所有毕业生签名的绸缎围巾，并附有一封信，表达了对史密斯学院关心和帮助的感激之情。

题名：Ruth V. Hemenway Papers

中文翻译：露丝·V. 海明威档案

网址：https://findingaids.smith.edu/repositories/2/resources/655

案卷号：SSC-MS-00077

作者：Ruth V. Hemenway

时间范围：1924—1979

数量：6 盒

使用权限：公开

语言：英文

内容提要：

该系列包括少量印刷的传记材料、一幅油画、照片和二十本原始日记，时间跨度为 1924 至 1941 年。日记详细记录了露丝·V. 海明威（Ruth V. Hemenway）在中国担任医疗传教士的十八年。内容涉及中国东南部的乡村生活、长江流域的城市生活、习俗和文化、动荡的时局、抗日战争的情况。海明威日记的节选由弗雷德·W. 德雷克（Fred W. Drake）编辑并收在题为《中国革命回忆录，1924—1941》（*A Memoir of Revolutionary China，1924—1941*）的书中，1977 年由马萨诸塞大学出版社出版。

露丝·V. 海明威于 1894 年出生在马萨诸塞州的威廉斯堡。1921 年毕业于塔夫茨医学院。1924 年，得到格雷斯·哈里斯纪念基金的支持，获得美以美会妇女对外传教委员会的委任，在中国福建闽清从事指导妇科医院的工作，其间曾有一年在南京的美以美会医院担任外科医生。露丝建立了诊所、卫生设施和初级医疗团队，推行初级卫生和科学课程。她特别关注改善妇女的健康，设立了产前咨询和一般儿童保健服务。1937 年露丝前往重庆，负责由雪城大学赞助的一家医院的产科部。1941 年回到美国，继续从事医学工作。露丝也是一位水彩画家，曾展出过她在中国的画作。露丝于 1974 年 7 月 9 日在马萨诸塞州诺思安普顿市去世。

题名：Ethel Smith Newman Papers

中文翻译：埃塞尔·史密斯·纽曼档案

网址：https://findingaids. smith. edu/repositories/2/resources/926

案卷号：SSC-MS-00678

作者：埃塞尔·史密斯·纽曼

时间范围：1915—2005

数量：2 盒

使用权限：公开

语言：英文

内容提要：

埃塞尔·史密斯·纽曼（Ethel Smith Newman）档案包括埃塞尔于 1915 至 1925 年间与其在美国的家人的通信原件以及已出版的转录信件卷。多数档案集中在 1915 至 1925 年间。一些信件附有照片。信件记述了传教士生活，详细描述了旅行、工作、战乱、传教士家庭以及反帝国主义时代的文化冲突。肖·纽曼（Shaw Newman）转录并编辑了这些信件，这些信件发表在《亲爱的家人》一书中（2005）。

埃塞尔·史密斯·纽曼于 1888 年 2 月 15 日出生在马萨诸塞州的莫尔登。1908 年毕业于塞勒姆师范学校，曾在缅因州奥古斯塔、马萨诸塞州埃弗雷特和巴尔市的高中任教。1915 年，接受美国浸信会外国宣教会的教职，成为传教士。最初驻扎在中国广东的宇宏（Ungkung）传教站。1916 年与传教医生亨利·纽曼结为夫妻。1918 至 1919 年，亨利·纽曼曾在西伯利亚协助处理斑疹伤寒爆发的工作，而埃塞尔和孩子们则在美国度过了一段时间。1920 年，纽曼一家前往中国江苏，恢复传教工作，后于 1925 年永久定居美国。埃塞尔于 1956 年 1 月去世，亨利于 1962 年 12 月去世。

题名： Mabel Milham Roys and Elizabeth Roys Papers

中文翻译： 梅布尔·米尔汉姆·罗伊斯和伊丽莎白·罗伊斯档案

网址： https://findingaids. smith. edu/repositories/2/resources/1001

案卷号： SSC-MS-00222

作者： Mabel Milham Roys and Elizabeth Roys

时间范围： 1880—2013

数量： 10 盒

使用权限： 公开

语言： 英文

内容提要：

该档案包括信件、传记材料、著作、演讲、纪念品、照片等，时间跨度为 1880 至 1956 年，其中大部分材料集中在 1904 至 1920 年，记录了罗伊斯夫妇在中国的时光。梅布尔写给在圣保罗的父母的信件展现了社交和家庭生活的方方面面。写自中国的信件展示了罗伊斯夫妇的工作、对中国文化和政治的观察。"syndicate"（合作社）的信和报告则更直接地关注罗伊斯博士的医疗和传教工作。大多数照片已被单独归档，家信中还包含许多其他附件。大部分著作和纪念品与罗伊斯夫妇在中国的岁月有关，也有一些涉及梅布尔在韦尔斯学院的时光以及她之后的职业生涯。照片反映了写自中国的信件的内容，包括各家庭成员的快照、梅布尔在史密斯学院时的照片、有关中国场景的摄影。

梅布尔·米尔汉姆·罗伊斯于 1878 年出生在明尼苏达州的圣保罗。1896 年进入史密斯学院学习，曾参加史密斯学院基督教工作协会，并担任学院学生会主席。毕业后，担任美国基督教女青年会（YWCA）国家委员会的学生秘书和学生志愿者运动的巡回秘书，游历大学校园进行演讲。1902 年，成为明尼苏达州基督教女青年会的秘书。1904 年 6 月，与查尔斯·K. 罗伊斯博士结为夫妻。几个月后，罗伊斯夫妇启程前往中国，被美国长老会外国宣教委员会任命为山东省威海港的传教士。1916 年，调至济南，查尔斯加入齐鲁医学院，成为解剖学教授。梅布尔教授圣经课程，为报纸写报告和文章，并协助慈善、医疗工作。1920 年初，罗伊斯一家返回美国。查尔斯·K. 罗伊斯于 1920 年 9 月去世。1923 年，梅布尔任美国长老会外国宣教委员会的外国秘书，成为东亚地区教育、传教和医疗工作的第一位女性行政负责人。1928 至 1935 年，梅布尔成为韦尔斯学院院长。第二次世界大战期间，她积极投身支持中国战争救济工作的筹款项目。梅布尔在威斯康星州麦迪逊度过了最后的人生岁月，于 1956 年去世。

题名： Hyla S. Watters Papers

中文翻译： 海拉·S. 沃特斯档案

网址： https://findingaids.smith.edu/repositories/2/resources/1014

案卷号： SSC-MS-00239

作者： Hyla S. Watters

时间范围： 1892—1991

数量： 3 盒

使用权限： 公开

语言： 英文

内容提要：

　　海拉·S. 沃特斯（Hyla S. Watters）档案由通信、写作、纪念品、印刷材料、照片、口述历史组成。时间跨度为 1892 至 1991 年，多数档案集中在 1911 至 1960 年间。通信系列由三部分组成：寄出、寄入和杂项，包含原始信件和抄送件的组合。第一部分寄出主要是海拉在求学期间和传教生涯中给家人的信件，包括对史密斯学院生活的生动描述、1917 至 1924 年间关于医学院和实习的报道、1924 至 1948 年在安徽芜湖综合医院做外科医生的经历。其中也有一些海拉的母亲阿达在中国陪伴她时写给家人的信。第二部分寄入收录了其他传教士描述他们经历的信件和一般私人信件，以及海拉被派往其他地方时来自芜湖的中国朋友和同事的一些信件。写作系列包括海拉在 20 世纪 30 年代为芜湖医院筹款而写的关于中国的故事、1967 至 1978 年间创作的诗歌、布道文、赞美诗和杂项文章。纪念品系列主要包括来自史密斯学院、中国和利比里亚的纪念品。此外还有一个杂项家庭用品文件夹。印刷材料包含一些来自芜湖医院的传教士大会的打印报告。

海拉·S. 沃特斯于 1893 年 10 月 13 日出生在纽约州的多布斯费里。童年时读了一篇名为《谁会为小玲缇开门?》的故事,激发了她去中国的兴趣。1915 年进入史密斯学院。1921 年获康奈尔医学院医学博士学位。1924 年在伦敦热带医学学院获热带医学和卫生学文凭。1924 年,启程前往中国。完成一年的语言课程后,由美以美会卫理公会的外国宣教委员会任命,供职于芜湖综合医院,大部分时间担任主刀外科医生。在 1941 年 12 月珍珠港事件之后,海拉被日本人拘禁,并于 1942 年被带到上海,在那里她尽可能地继续从事医学工作。1945 年战争结束后,海拉回到芜湖的岗位,直到 1948 年医院关闭。1950 年,海拉前往利比里亚的甘塔,在甘塔传教和工作 11 年。1961 年回到纽约州塔珀湖,继续行医。海拉于 1987 年 8 月 3 日在塔珀湖去世。

题名:Ruth Dietrich Tuttle Papers

中文翻译:露丝·迪特里希·塔特尔档案

网址:https://findingaids. smith. edu/repositories/2/resources/1011

案卷号:SSC-MS-00236

作者:Ruth Dietrich Tuttle

时间范围:1889—1984(多数档案集中在 1920 至 1923 年间)

数量:3 盒

使用权限:公开

语言:英文

内容提要:

露丝·迪特里希·塔特尔(Ruth Dietrich Tuttle)档案由信件、印刷材料、日记、纪念品和照片组成。材料主要记录了露丝 1920 至 1923 年在中国的传教工作,也有与其婚前生活有关的材料。

题名： Brown Family Papers

中文翻译： 布朗家庭档案

网址： https://findingaids. smith. edu/repositories/2/resources/1061

案卷号： SSC-MS-00216

作者： Brown Family

时间范围： 1917—1935

数量： 1盒

使用权限： 公开

语言： 英文

内容提要：

布朗（Brown）家庭档案包括凯特·布朗（Kate Brown）在纽约市和杰基尔岛庄园居住时写给父母的信、威廉·T. 布朗（William T. Brown）从中国寄来的剪贴簿（附有信件和照片），以及已出版的凯特·布朗在杰基尔岛的信件集。

凯特·布朗于1888年出生在马萨诸塞州的伍斯特。1920年，与在中国洛克菲勒基金会工作的罗杰·S. 格林（Roger S. Greene）结婚。1920至1935年，他们居住在中国。布朗的父母威廉·T. 布朗夫妇曾于1921年访华。

题名： Butler Family Correspondence

中文翻译： 巴特勒家族通讯

网址： https://findingaids. smith. edu/repositories/3/resources/417

案卷号： MRBC-MS-00242

作者： Butler Family

时间范围： 1817—1848

数量： 1盒

使用权限： 公开

语言： 英文

内容提要：

巴特勒（Butler）家族通讯包含托马斯·巴特勒（Thomas Butler）和莎拉·丹尼森·巴特勒（Sarah Denison Butler）给女儿卡罗琳·H. 巴特勒（Caroline H. Butler）

的信件，以及卡罗琳和她的丈夫爱德华·巴特勒（Edward Butler）1817 至 1848 年间所写的信件。该系列还包括一些与爱德华·巴特勒在东亚的商业活动有关的文件。

爱德华·巴特勒是一位商人，涉足中国和新加坡的贸易。他于 1822 年与卡罗琳·H. 巴特勒结婚，定居在马萨诸塞州诺思安普顿。1836 年，巴特勒夫妇前往中国，后返回诺思安普顿。爱德华于 1849 年 7 月去世，卡罗琳转而从事写作以维持家计。她的短篇小说发表在格雷厄姆杂志上，并出版了一些小说（如 1850 年的《小信使鸟》、1851 年的《冰之王和甜美的南风》）。1851 年，她与休·兰恩（Hugh Laing）结婚，并搬到纽约布鲁克林。卡罗琳于 1892 年去世。

题名： Florence Ada Cross Boughton Papers

中文翻译： 弗洛伦斯·埃达·克罗斯·鲍顿档案

网址： https://findingaids. smith. edu/repositories/2/resources/573

案卷号： SSC-MS-00457

作者： Florence Ada Cross Boughton

时间范围： 1833—1989

数量： 13 盒

使用权限： 公开

语言： 英文

内容提要：

该系列包含两份音乐会曲目剪贴簿，作者是弗洛伦斯·埃达·克罗斯·鲍顿（Florence Ada Cross Boughton），一位多才多艺的音乐会钢琴家；一本剪贴簿，包含有关弗洛伦斯在 1913 年嫁给亚瑟·克莱南·鲍顿（Arthur Clennam Boughton）之前生活的照片、剪报和纪念品；一本关于亚瑟·克莱南·鲍顿生平的剪贴簿。剪贴簿包含许多照片、大量的传记和家谱信息。该档案的其余部分包括 1913 至 1915 年鲍顿夫妇在中国居住期间写的信件、弗洛伦斯 1901 年的日记、财务信息、讣告、悼词和感言、1907 至 1908 年弗洛伦斯在欧洲逗留期间参加的音乐会的节目单、有关鲍顿家族历史的信息。

题名： YWCA of the U. S. A. Microfilm Records

中文翻译： 美国基督教女青年会的微缩胶片记录

网址： https://findingaids.smith.edu/repositories/2/resources/659

数字化照片： https://compass.fivecolleges.edu/collections/ywca-usa-microfilm-records

案卷号： SSC-MS-00324-RG11

作者： 美国基督教女青年会

时间范围： 1875—1975

数量： 759 卷轴；数字馆藏：940 GB（971757 个文件）

使用权限：

总体公开，以下是特例：根据与美国基督教女青年会达成的协议，已知包含财务记录或个人健康信息的 microdexes 未被数字化，未在在线存储库中发布。这些 microdexes 仍然可以使用，原始微缩胶片和数字文件可应要求提供给个别研究人员。

语言： 英文

内容提要：

该系列包括美国基督教女青年会的会议纪要和报告以及该组织与全国协会、社区协会和注册团体之间互动的记录。这些原始记录创建于 1884 至 1970 年间，并在 1964 至 1984 年被制作成微缩胶片。数字馆藏包括数字化或原始数码（born-digital）材料，并不代表整个收藏。

Swarthmore College 斯沃斯莫尔学院

学院简介：

    斯沃斯莫尔学院是一所位于宾夕法尼亚州斯沃斯莫尔的私立文理学院。学院成立于 1864 年，首届课程于 1869 年开设，最初在贵格会的指导下成立，是美国最早的男女同校大学之一。1906 年，斯沃斯莫尔学院取消了宗教隶属关系，正式成为非宗派学校。学院是三学院协会（Tri-College Consortium）的成员，另两所成员学校是布林莫尔学院（Bryn Mawr College）和哈弗福德学院（Haverford College）。学院有在校本科生 1699 人（2022 年数据）。

题名： J. Stuart Innerst Papers

中文翻译： J. 斯图尔特·英纳斯特档案

网址： https://archives. tricolib. brynmawr. edu/resources/scpc-dg-103

案卷号： SCPC‐DG‐103

作者： J. Stuart Innerst

时间范围： 1920—1975

使用权限： 公开

语言： 英文

内容提要：

    J. 斯图尔特·英纳斯特（J. Stuart Innerst）档案由他的女儿阿尔梅纳·内夫（Almena Neff）进行整理。这批五个纸盒的文件在 1976 年被收入和平收藏（Peace Collection）。英纳斯特在给编辑、政府官员、广播员和其他许多人的信中显示了自己的广泛兴趣，以及他在面对不公正时的大声疾呼。大量的传教笔记以及已发表的圣经研究资料和灵修材料，提供了了解英纳斯特思想的窗口。英纳斯特的通信对象包括詹妮弗·海恩斯（Jennifer Haines）、查尔斯·哈克（Charles Harker）、切特·霍利菲尔德（Chet Holifield）、克莱尔·斯特吉斯·约翰逊（Clare Sturges Johnson）、A. J. 穆斯特（A. J. Muste）、莱因霍尔德·尼布尔（Reinhold Niebuhr）、柯比·佩奇（Kirby Page）、德鲁·皮尔逊（Drew Pearson）、埃德温·桑德斯（Edwin Sanders）、埃德·斯奈德（Ed Snyder）、诺曼·托马斯（Norman Thomas）、亚瑟·沃兹沃斯（Arthur Wadsworth）和 E. 雷蒙德·威尔逊（E. Raymond Wilson）等。

　　J. 斯图尔特·英纳斯特是 20 世纪 20 年代赴华传教的基督协和联会（United Brethren in Christ）传教士。1927 年离开中国。英纳斯特曾担任几个教会的牧师，并于 1943 年加入贵格会（Religious Society of Friends）。除了牧师工作，英纳斯特还担任贵格会友在华盛顿项目的主任（1960 至 1961 年），向国会议员游说有关裁军、和平等方面的问题。他还参与了贵格会的各种委员会和董事会，如贵格会立法委员会执行委员会、洛荷雅会友会和太平洋年会的 Friend in the Orient 委员会。英纳斯特撰有圣经研究资料和灵修材料，发表了一系列文章和小册子，并编辑了由美国友爱会委员会出版的《了解中国通讯》（*Understanding China Newsletter*）。他的合著有《新中国政策：贵格会的一些建议》（*A New China Policy: Some Quaker Proposals*）（1965），他对中国的思考在他去世后以《灰色中国，绿色中国》（*China Gray, China Green*）的形式出版。

Trinity College 三一学院

学院简介：

    三一学院是一所位于康涅狄格州哈特福德的私立文理学院。学院成立于 1823 年，最早的名称是华盛顿学院（Washington College），是康涅狄格州历史第二悠久的学院。1969 年，学院实现男女共校。学院有 2235 名学生（2022 年数据）。

题名： Jon A. Reynolds Papers

中文翻译： 乔恩·A. 雷诺兹档案

网址： https://trinitywatkinson. libraryhost. com/repositories/3/resources/16

作者： Jon A. Reynolds

时间范围： 1957—2013

使用权限： 公开

语言： 英文

内容提要：

    乔恩·A. 雷诺兹（Jon A. Reynolds）档案主要包括通信、照片、幻灯片、透明胶片、日记、小册子、地图、指南、海报、文件、报纸剪报和军事服务奖项。该收藏被分为四个系列：一，越南美国空军（1963—1996）。记录了雷诺兹作为飞行员、空中交通管制员和战俘/失踪人员的经历。二，美国空军军事防御（1984—1990）。记录了雷诺兹在中国的工作和生活。三，雷神公司总裁（1994—2010）。记录了雷诺兹退伍后任雷神公司总裁的经历，其中包含公司在中国的业务活动的记录。四，教育和教学（1955—1981）。包含来自特立尼达学院各个组织的课程、研究、教学材料和临时文献。

    乔恩·A. 雷诺兹于 1937 年出生在宾夕法尼亚州的费城。曾就读于三一学院，于 1959 年获得工程领域的理学学士学位。大学期间，参加了空军后备军官训练队，获少尉军衔。1960 至 1961 年，进入飞行学校。1963 年被派往越南，执行了 165 次飞行任务。1964 年被派往泰国，参加对越南的轰炸行动。1965 年 11 月 28

日被俘，1973 年 2 月获释，后就读于杜克大学，并获硕士学位(1975)和军事史博士学位(1980)。雷诺兹曾在美国空军学院担任教官和军事历史系主任，后来又在海军战争学院担任教官和主任。1984 至 1986 年，在中国北京担任大使随行空军武官。1986 至 1988 年，担任美国驻华首席军事代表。返回美国后，雷诺兹于1988 至 1989 年担任空军部长高级军事助理，随后担任国防情报局国防武官系统主任，1990 年退休。1994 至 2003 年，担任雷神公司中国业务总裁。

题名： John Henry Ehlers Papers

中文翻译： 约翰·亨利·埃勒斯档案

网址： https://trinitywatkinson.libraryhost.com/repositories/3/resources/122

作者： John Henry Ehlers

时间范围： 1917—1984

使用权限： 公开

语言： 英文，日文，中文

内容提要：

约翰·亨利·埃勒斯(John Henry Ehlers)档案包括九本剪贴簿、一个相册、一个日本集邮收藏、两个奖牌盒、一本日本杂志和杂项通信。时间跨度为 1917 至1984 年。剪贴簿记录了约翰环游世界的旅行，包括各种照片、酒店和旅行纪念品、游轮乘客名单、邮票、邀请函、外币、艺术品、收据、旅行小册子和其他插页。其中"无标题剪贴簿 1971—1973"是约翰在各种报纸上发表的旅行文章的相关资料。剪贴簿中有很多内容描述了他在中国和日本的旅行和工作。"台湾之行 1982 剪贴簿"主要是与他 1982 年前往台湾岛接受 Phi Tau Phi 荣誉学会奖项相关的图像和纪念品，也包括信件、照片、菜单、报纸剪报、外币、旅行票。

约翰·亨利·埃勒斯于 1892 年 12 月 31 日出生在康涅狄格州的哈特福德。1910 年，开始在三一学院攻读本科。1914 年毕业，其后在加利福尼亚大学和康奈尔大学获得土木工程硕士学位，并在美国国内不同的铁路公司、桥梁公司任职。1920 年，加入北洋大学(位于中国天津)，担任结构工程教授，并创立 Phi Tau Phi学术荣誉协会，担任秘书。1923 年，被任命为中国交通部的荣誉技术顾问。1924年离开大学，加入中美工程师协会，成为该协会期刊的编辑。20 世纪 20 年代中期，在佛罗里达州从事房地产业务。1926 年前往日本东京，担任美国贸易专员，并协助重建东京横滨区（1928 年）。在随后的几十年里，约翰在华盛顿特区的建筑和法律领域工作，也曾在联邦政府的各种岗位谋职。20 世纪 60 年代初，成为也门的住房协调员，并在联合国担任伊拉克政府的工程顾问。约翰出版有两本关于他在国外旅行的书籍：《旅行信函》（1965 年）和《远方的地平线：一位工程师的旅行日记》（1966 年）。约翰于 1988 年 6 月去世。

Trinity University 三一大学

学院简介：

    三一大学是一所位于得克萨斯州圣安东尼奥的私立文理学院。大学成立于 1869 年。有 2510 名本科生和 163 名研究生（2022 年数据）。

题名： Rev. William M. Kelly Papers

中文翻译： 威廉·M. 凯利牧师档案

网址： https://archives.trinity.edu/rev-william-kelly-m-d-papers

案卷号： US TxSaT SC.016

作者： William M. Kelly

时间范围： 1924—2005（多数集中在 1924 至 1935 年）

数量： 1 盒

使用权限： 公开

语言： 英文

内容提要：

    威廉·M. 凯利牧师（Rev. William M. Kelly）档案主要包括三一大学校长萨缪尔·李·霍恩比克博士（Dr. Samuel Lee Hornbeak）与威廉之间的通信、威廉与其他三一大学人员之间的通信、霍恩比克与其他中国传教士之间的通信。时间跨度为 1924 至 2005 年，其中多数集中在 1924 至 1935 年。威廉是三一大学的校友，曾在中国从事医疗传教工作。这些信件主要涉及关于中国文物的讨论、中国历史和风俗的记述，以及威廉在中国的旅行。该收藏还包括威廉捐赠给三一大学的中国文物的清单以及威廉的孙子布鲁克斯·凯利（Brooks Kelly）所做的家谱研究。

University of Puget Sound 普吉特湾大学

学院简介：

  普吉特湾大学是华盛顿州塔科马市的一所私立文理大学。大学成立于 1888 年，由卫理公会在塔科马市市中心创建。建立这所大学的想法起源于查尔斯·亨利·福勒，他曾是西北大学的校长。大学约有 1800 名本科生和 300 名研究生（2022 年数据）。

题名：Albert W. Bash Papers

中文翻译：阿尔伯特·W. 巴什档案

网址：https://archiveswest. orbiscascade. org/ark: 80444/xv80584?q＝China

案卷号：Mss. 001

作者：Albert W. Bash

时间范围：1890—1910

使用权限：公开

语言：英文

内容提要：

  阿尔伯特·W. 巴什（Albert W. Bash）来自华盛顿州波特敦镇，在 1895 至 1912 年间参与了将美国铁路线的延伸计划，并与美国中国发展公司和中国投资建设公司有关。该收藏包含通信、照片、地图、剪报、出版物和文件。

题名：Frank Williston Papers

中文翻译：弗兰克·威利斯顿档案

网址：https://archiveswest. orbiscascade. org/ark: 80444/xv57836?q＝China

案卷号：Mss. 020

作者：Frank Williston

时间范围：1827—1972

数量：7 盒

使用权限：公开

语言：英文

内容提要：

弗兰克·威利斯顿（Frank Williston）是一位东亚事务专家，尤其关注中国和日本。第二次世界大战前他在普吉特湾大学任教。该收藏包括出版物、小册子、报告、通信、地图、文本和手稿，主要是有关东亚和东南亚政治、历史和经济情况的材料，其中包含与南京大屠杀期间南京神学院有关的通信。

Washington and Lee University 华盛顿与李大学

学院简介：

华盛顿与李大学是一所位于弗吉尼亚州莱克星顿的私立文理学院。学院成立于 1749 年，最初名为奥古斯塔学院，是美国历史最悠久的高等教育机构之一。大学有 2243 名本科学生（2022 年数据）。

题名： John Leighton Stuart Typescript

中文翻译： 司徒雷登打字稿

网址： https://www.archivesspace.wlu.edu/repositories/5/resources/517

案卷号： WLU-Coll-0309

作者： John Leighton Stuart, Hu Shih, George C. Marshall

时间范围： 1954

使用权限： 供研究使用

语言： 英文

内容提要：

该收藏包括《在华五十年：司徒雷登回忆录》（*Fifty Years in China: The Memoirs of John Leighton Stuart, Missionary and Ambassador*）的打字稿和出版商校对本。

题名： Jane Rust Papers

中文翻译： 简·拉斯特档案

网址： https://www.archivesspace.wlu.edu/repositories/5/resources/124

案卷号： WLU-Coll-0200

作者： Jane Rust

时间范围： 1941—1961

使用权限： 供研究使用

语言：英文

内容提要：

该收藏包括简·拉斯特（Jane Rust）1941 至 1942 年在中国国防供应公司担任秘书期间积累的通信和文件，以及 1960 至 1961 年在原子弹伤亡委员会担任秘书期间积累的通信和文件。此外还有简撰写的三篇论文以及一些来自日本大使馆的材料。

题名： William L. Wilson Papers

中文翻译：威廉·L. 威尔逊档案

网址： https://www.archivesspace.wlu.edu/repositories/5/resources/574

案卷号： WLU-Coll-0508

作者： William L. Wilson

时间范围： 1926—1941

数量： 9 件

语言： 英文

内容提要：

该收藏包括威廉·C. 沃森二世（William C. Watson, Jr.）1927 至 1941 年间写给威廉·L. 威尔逊（William L. Wilson）的九封信件。两人都是华盛顿与李大学的毕业生。毕业后，沃森进入标准真空石油公司（Standard-Vacuum Oil Company）工作，曾在中国广州等地任职。特别值得注意的是 1939 年 12 月 10 日沃森写给威尔逊的一封信，描述了他在中日战争时日本入侵广州期间的经历。收藏中的另一个通信者是华盛顿与李大学的校友威廉·B. 哈灵顿二世（William B. Harrington, Jr.）。

Wellesley College 卫斯理学院

学院简介：

  卫斯理学院（Wellesley College）是一所位于马萨诸塞州卫斯理的私立女子文理学院。学院最初是由亨利和波琳·杜兰特夫妇于 1870 年创建的女子神学院，也是美国东北部"七姐妹学院"之一。学院有在校本科生 2353 人（2022 年数据）。

题名： May-ling Soong Chiang Papers

中文翻译： 宋美龄档案

网址： https://archives.wellesley.edu/repositories/2/resources/81

案卷号： MSS-001

作者： May-ling Soong Chiang

时间范围： 1916—2003

数量： 8 个文件盒，11 个超大尺寸盒

使用权限： 公开

语言： 英文，中文

内容提要：

  该收藏包括出版物、论文、剪报和照片等。时间跨度为 1916 至 2004 年。其中有关于宋美龄在校生活以及毕业后和学校联系的材料，如通信、演讲、访问、宣传、班级信件、照片、剪贴簿和礼品等。也有与宋美龄政治生涯相关的材料，包括由她撰写的出版物（书籍、文章、演讲）以及关于她和蒋介石的剪贴簿和剪报。

题名： Emma DeLong Mills Papers

中文翻译： 艾玛·德朗·米尔斯档案

网址： https://archives.wellesley.edu/repositories/2/resources/83

案卷号： MSS-002

作者：Emma DeLong Mills

时间范围：1888—2007

数量：10 个文件盒，7 个超大文件盒

使用权限：公开

语言：英文

内容提要：

　　该档案包括信件、日记、文章、小册子、剪报、报告、目录、明信片、地图、会议记录、出版物、新闻稿、照片、手稿、盒式磁带等多种材料。记录了艾玛·德隆·米尔斯（Emma DeLong Mills）的个人成长、教育经历和职业生涯，时间跨度为 1888 至 2007 年。涵盖了艾玛在圣阿加莎学校（St. Agatha School）（纽约）、卫斯理学院（学士学位）、陆军护理学院（Army School of Nursing）（医学博士学位）和哥伦比亚大学（纽约）的青年时期和教育经历。尤为重要的是艾玛与宋美龄的通信，宋美龄是她在卫斯理学院的同学。此外，收藏还记录了艾玛在美国对华医疗援助局（American Bureau for Medical Aid to China）、真光基金会（The True Light Foundation）和唐人街规划委员会（Chinatown Planning Council）等组织中的活动和慈善工作。

　　艾玛·德隆·米尔斯于 1894 年 9 月 16 日出生在康涅狄格州的斯坦福德。1917 年毕业于卫斯理学院，成为纽约金德胡克的一名"女农场工"，以支持第一次世界大战期间美国的农业工作。后进入位于马里兰州米德堡的陆军护理学校，并于 1919 年 12 月被任命为学生护士。1922 年前往中国，在华北语言学校教授英语，并在上海公报工作。1925 年返回美国。1937 年，开始与美国对华医疗援助局（后改为美国医疗援华促进局，简称 ABMAC）合作，后成为该组织的执行秘书。第二次世界大战后，艾玛全力支持真光基金会的工作。她帮助创办了唐人街规划委员会（Chinatown Planning Council, CPC），这是一家为纽约市华裔社区提供教育、社会和职业服务的非营利组织。米尔斯在 CPC 执行委员会任职二十多年，于 1968 年当选为主席。艾玛毕生笔耕不辍，她的日记和通信记录了她的一生经历。艾玛于 1987 年 8 月 26 日在康涅狄格州南港康瓦莱赛特医疗康复院去世。

题名：May-ling Soong Foundation Program Committee Records

中文翻译：宋美龄基金会项目委员会记录

网址：https://archives.wellesley.edu/repositories/2/resources/15

案卷号：2BP

作者：May-ling Soong Foundation Program Committee

时间范围：1940—2004

数量：8 盒

使用权限：公开

语言：英文

内容提要：

　　该收藏包括宋美龄基金会计划委员会的记录，时间跨度为 1940 至 2004 年。藏品被分为六个系列。一，历史（1942—1950）。包括新闻剪报和出版物，以及关于基金会历史的一般文件。二，通信（1942—1946）。有两个子系列。子系列一：一般（1942—1944）。包括计划委员会的一般通信。子系列二：教员委员会（1944—1946）。由教员委员会成员的信件组成。三，礼物（1940—1970）。包括捐赠者信息和笔记、寄给捐赠者的信件和通知、与宋美龄访问有关的礼物、哈泽德收藏品和中国艺术目录销售。四，委员会会议纪要、报告和注释（1942—1971）。有三个子系列。子系列一：顾问委员会（1944—1950）。包括顾问委员会年度会议的记录。子系列二：教职委员会（1942—1963）。包括教职委员会的一般文件、会议纪要和报告。子系列三：执行委员会（1942—1971）。包括执行委员会的会议记录。五，计划委员会（1942—1974）。有六个子系列。子系列一：行政/一般（1942—1973）。包括委员会成员记录、期刊、调查报告、表格文件、展览记录、信件、规章以及宋美龄奖的规划文件。子系列二：宣传（1942—1973）。包括基金会有关宣传的一般档案、讲座及相关信件、"美国在太平洋的未来"和"中国与蒋介石夫人"档案、庆祝活动的记录、宋美龄的演说以及相关评论。子系列三：财务（1942—1974）。包括财务报表、预算审查、成本估算、账目、合同和发票。子系列四：会议和报告（1942—1974）。包括信件、计划文件、计划委员会的报告和向学术委员会提交的年度报告、议程和会议记录。子系列五：规划（1953—1962）。包括有关规划的信件和文件。子系列六：活动（1942—1974）。包括表演者档案以及四年一次的庆祝活动、印度艺术展、25周年纪念活动和甘地百年纪念活动的记录。六，基金会委员会（1945）。有四个子系列。子系列一：行政（1983—2002）。包括商业记录、补助金表格、夏季奖学金、论文以及传单广告补助金。子系列二：奖学金申请（1983—2002）。包括学生组织的拨款申请和空白申请表。子系列三：图书馆（1945、1991—1995）。包括图书馆藏书的重印本以及有关图书馆学硕士资金的备忘录。子系列四：按日期排列的文件（1978—2004）。包括基金会委员会的一般文件。

题名：Images of May-ling Soong

中文翻译：宋美龄照片

数字化照片：https://library. artstor. org/#/search/China; size = 48; page = 1; colId = 87730035; sort = 0

题名: Letters of May-ling Soong Chiang

中文翻译: 宋美龄书信

数字化照片: https://repository. wellesley. edu/collections/archives? islandora_solr_search_navigation = 0&cq = catch_all_fields_mt%3A%28May-ling%20Soong%29&f%5B0%5D = collection_membership. title_ms%3A%22Personal%5C%20Papers%22

Wesleyan University 卫斯理安大学

学院简介：

　　卫斯理安大学（Wesleyan University）是美国康涅狄格州密德尔敦市的一所私立文理学院。学院成立于1831年，受卫理公会（Methodist Episcopal Church）的支持。它是第一所以卫理公会的创始人约翰·卫斯理（John Wesley）名字命名的高等教育机构。学院曾于1872至1909年接受女性申请者，但直到1970年才完全实现男女共校。目前学校已无宗教色彩，有在校本科生约3000人（2022年数据）。

题名： John Gowdy Collection of Chinese Watercolors

中文翻译： 高智中国水彩画收藏

网　址： https://archives. wesleyan. edu/repositories/sca/resources/john _ gowdy _ collection_of_chinese_watercolors

案卷号： 1000-060

使用权限： 对研究公开

语言： 英文

内容提要：

　　该收藏包括两幅在卡片纸上的水彩画，尺寸大约为11英寸×14英寸，并附有打字标签："2.047 元宵节/福州，中国/由 Pres. John Gowdy，'97 主持"；"2.046 中文学院学生毕业后第一次打电话，显示问候方式/福州，中国/由 Pres. John Gowdy '97 主持"。两张在薄纸上的水彩画，右下角有墨迹题字："417/中国画/Wm Russell 夫人"；"419"。

　　高智（John Gowdy）于1902至1944年在中国福州任教，曾任福建协和大学（Fukien Christian University）校长（1923—1927），以及东亚中央会议（卫理公会）（Central Conference，East Asia）主教（1930—1944）。

题名：James Colder China Voyage Journal［duplicate］

中文翻译：詹姆斯·科尔德中国航海日志（复本）

网址：https://archives. wesleyan. edu/repositories/sca/resources/james_colder_china_voyage_journal_duplicate

案卷号：2002-037

作者：James Colder

时间范围：1851 年 3 月 13 日至 6 月 17 日

使用权限：对研究公开

语言：英文

内容提要：

　　该收藏为一本 11 英寸×17 英寸的影印期刊，原件位于美国国会图书馆手稿部的詹姆斯·科尔德（James Colder）论文中，编号为 MMC-0205。内容记录了 1851 年 3 月 13 日至 6 月 17 日期间，科尔德乘坐塞缪尔·罗素号（Samuel Russell）从纽约到香港的中国航行。

　　詹姆斯·科尔德于 1849 年毕业于卫斯理安大学。1851 至 1853 年，科尔德（根据卫斯理文献，拼写为 Calder）在中国福州担任卫理公会传教士。

题名：Do Gieng Ciu Collection

中文翻译：邱杜江档案

网址：https://archives. wesleyan. edu/repositories/sca/resources/do_gieng_ciu_collection

案卷号：2004-087

作者：Do Gieng Ciu

时间范围：2004-087

数量：一盒半

使用权限：对研究公开

语言：英文

内容提要：

　　该系列由三件物品组成。其中两张是邱杜江（Do Gieng Ciu）身穿毕业礼服、手持毕业证书的照片。第三件是 Kutien 地图，内嵌邱身穿毕业礼服的照片。该地图上手写有以下信息："中国福州区库田地图,由 D. G. Ciu 绘制,1921 年 8 月 13 日复制,说明邱博士对库田发展的计划。"

邱杜江,1888 年 2 月 11 日出生于中国福州。曾就读于福州英华书院(Anglo-Chinese College in Foochow),1916 年毕业于卫斯理安大学,获理学学士学位。1919 年于德鲁神学院(Drew Theological Seminary)获神学学士学位。1920 年于哥伦比亚大学获文学硕士学位。1921 年于纽约大学获教育学博士学位。1921 年 2 月,接受库田(Kutien)的任命,在当地开始传教工作。邱杜江组建了六支传教队伍,在市区、监狱和士兵中开展工作。1921 年 8 月 20 日,邱杜江在前往福州附近的古梁时被土匪杀害。

题名: Art and Archival Collections(College of East Asian Studies)
中文翻译: 艺术和档案收藏(东亚研究院)
网址: https://www.wesleyan.edu/ceas/about/art.html
数量: 300 件各种形式的艺术品以及 30 盒文件和照片
语言: 多种语言
内容提要:

艺术藏品包括来自中国、日本、韩国的书画、版画、拓片、书籍善本、纺织品、陶瓷和其他形式的作品。大多数作品可以追溯到 19—20 世纪,其中来自中国的物件最多。值得注意的物品包括:胡适的书法,丁福之、黄君弼的画作,出自北京故宫的衣柜,清代宫廷服饰的样本,1726 年版《古今图书集成》一卷,1681 年版《圣谕详解》。档案馆藏包括论文、文献和历史照片,大部分与 19 世纪至 20 世纪初中国与西方的互动有关。馆藏还包括考特尼·H. 芬恩(Courtenay H. Fenn)和其子亨利·C. 芬恩(Henry C. Fenn)的论文,哈拉尔德·汉斯·隆德(Harald Hans Lund)、志明博士、斯图尔特·皮斯(Stuart Pease)和希尔达·皮斯(Hilda Pease)、乔治·B. 诺伊曼(George B. Neumann)的相关著述。

Whitman College 惠特曼学院

学院简介：

　　惠特曼学院（Whitman College）是一所位于华盛顿州瓦拉瓦拉市的私立文理学院。学院是太平洋西北地区第一所设立菲贝塔卡（Phi Beta Kappa）分会的学院，也是美国第一所要求学生通过综合考试才能毕业的大学。学院成立于1859年，最初是一所神学院。1882年，成为一所授予学士学位的四年制学院，并于1907年放弃了宗教隶属关系。学院有在校本科生1493人（2022年数据）。

题名： Whitman College in China Records，1981—1999

中文翻译： 中国惠特曼学院记录，1981—1999

网址： https://archiveswest. orbiscascade. org/ark: 80444/xv68304?q = China

案卷号： HTM_ WCA117

时间范围： 1981—1999

使用权限： 公开

语言： 英文

内容提要：

　　该系列包括惠特曼学院教师、惠特曼学院在中国的学生以及在中国的联系人之间的电子邮件通信、新闻通讯和手写笔记。此外还包含中国各学校、与惠特曼在中国项目相关的个人以及惠特曼学院的中国学生的申请文件。

题名： Lyda S. Houston Papers，circa 1928—1939

中文翻译： 莱达·S. 休斯顿论文，约1928—1939年

网址： https://archiveswest. orbiscascade. org/ark: 80444/xv839812?q = China

案卷号： WCMss. 478

作者： Lyda S. Houston

时间范围： 1928—1939

数量：1 盒

使用权限：公开

语言：英文

内容提要：

莱达·S. 休斯顿（Lyda S. Houston）档案包含中文小册子、照片和信件。时间跨度约为 1928 至 1939 年。小册子包括制药书籍、会计和商业记录、政府文件、捐赠通知、手写笔记和宗教文本。信件出自莱达之笔，详细介绍了她在福州附近的文山女子学校的经历。

莱达·S. 休斯顿于 1892 年出生在上海。1922 至 1924 年 7 月，曾担任基督教女青年会瓦拉瓦拉（Wala Wala）分会的秘书。1924 年晚些时候返回中国，担任文山女子学校的教师和行政人员。在日本入侵福州期间，莱达作为囚犯度过了几年，后回到美国退休，一直住在加利福尼亚州，直到 1986 年去世。

题名：David Crockett Graham Collection，1884—1961

中文翻译：大卫·克罗克特·格雷厄姆收藏，1884—1961

网址：https://archiveswest. orbiscascade. org/ark:80444/xv84460?q＝China

案卷号：WCMss. 094

作者：David Crockett Graham

时间范围：1884—1961

数量：4 个扁平盒，19 个唱片盒，20 个稿件盒

使用权限：公开

语言：英文

内容提要：

大卫·克罗克特·格雷厄姆（David Crockett Graham）收藏包括有关考古学和人类学研究的报告、艺术品、照片、地图、书籍、期刊、笔记和信件。时间跨度为 1884 至 1961 年。内容涉及川苗歌曲和故事、羌族风俗和信仰的材料、彝族的资料以及华西协和大学的论文。该收藏还包括第一浸信会社会行动委员会的信息、个人和家庭信息以及格雷厄姆的演说、讲座和布道。

大卫·克罗克特·格雷厄姆生于 1884 年，1908 年在惠特曼学院获得文学学

士学位。1910 年，与艾丽西亚·莫雷（Alicia Morey）结婚。次年 9 月，他们前往中国，为美国浸信会外国宣教协会（American Baptist Foreign Mission Society）服务。格雷厄姆逐渐将他的注意力从传教工作转向人类学，在 37 年的职业生涯里对中国各族群进行了调查研究。

题名： Arthur H. Smith Chinese Artifact Collection, circa 1700—1950

中文翻译： 明恩溥中国文物收藏，约 1700—1950 年

网址： https://archiveswest.orbiscascade.org/ark:80444/xv764739?q＝China

案卷号： WCMss. 572

作者： Arthur H. Smith

时间范围： 1700—1950

数量： 3 个扁平盒、1 个唱片盒、1 个物件

使用权限： 公开

语言： 英文

内容提要：

明恩溥（Arthur Henderson Smith）中国文物收藏包括手绘卷轴、书法、抄本、印刷小册子、生活用品等。时间跨度为 1700 至 1950 年。材料中大部分是明恩溥收集的，但也有其他来源的物品。

Whittier College 惠蒂尔学院

学院简介：

惠蒂尔学院是一所位于加利福尼亚州惠蒂尔的私立文理学院。学院成立于1887年。截至2023年春季，有约1200名学生(本科生和研究生)。

题名： Wang Luyan Collection

中文翻译： 王鲁炎收藏

网址： https://poetcommons.whittier.edu/finding/4/

作者： Wang Luyan

时间范围： 2020

内容提要：

王鲁炎(Wang Luyan)收藏包括相册、照片、行政记录、信件、传单、专著、USB、别针(按钮)和一件原创当代艺术作品(56英寸×39英寸)。该收藏是中国当代艺术家王鲁炎向惠蒂尔学院捐赠的艺术作品 The Walkers 的一部分，由惠蒂尔学院教授罗伯特·马克斯(Robert Marks)汇编。

Williams College 威廉姆斯学院

学院简介：

　　威廉姆斯学院是一所位于马萨诸塞州威廉斯敦的私立文理学院。学院成立于1793 年，最初是一所男校，建校资金主要来自埃弗拉伊姆·威廉姆斯（Ephraim Williams）的遗产。威廉姆斯学院的主校区位于马萨诸塞州西北部的伯克希尔地区的威廉斯敦（Williamstown）。截至 2022 年，该校有 2021 名本科生和 50 名研究生。

题名： People's Republic of China, Winter Study Program Trip Slides

中文翻译： 中华人民共和国冬季学习计划旅行幻灯片

网址： https://archivesspace. williams. edu/repositories/2/archival_objects/270025

案卷号： MC-337

作者： Professor Eusden and Professor Peter Frost

时间范围： 1978

数量： 1 盒幻灯片

使用权限： 与特藏部工作人员协商后，可根据要求制作复制品。该收藏中的幻灯片可能受版权保护。

语言： 英文

内容提要：

　　幻灯片记录了 1978 年由尤斯登（Eusden）教授和彼得·弗罗斯特（Peter Frost）教授带队的中国之行。威廉姆斯冬季研究计划的参与团队是最早受官方邀请的文理学院访问团体。